MARCO POLO

BURG ER LAND

SALZKAMMERGUT
SALZBURG

MARCO POLO KOAUTOR

Matthias Gruber

„Bloß weg aus Salzburg" schwor sich Matthias Gruber mit 18. Doch wie das Leben so spielt, kehrte er nach einer Auszeit in der weiten Welt in seine Heimatstadt zurück. Heute arbeitet der Ex-Exilant als freier Autor und ist Mitherausgeber des Salzburger Stadtmagazins www.fraeuleinflora.at. Dafür erkundet er mit seinem Team die jungen Seiten und versteckten Winkel des Salzburger Landes.

GRATIS

DIE TOUREN-APP

zu den Erlebnistouren zeigt, wo's langgeht: inklusive Tourenverlauf und Offline-Karte

EVENTS & NEWS

Schnell die wichtigsten Infos auf dem Smartphone: Events, News, neue Insider-Tipps und ggf. aktualisierte Erlebnistouren als PDF zum Downloaden

HOLEN SIE MEHR AUS IHREM MARCO POLO RAUS!

SO EINFACH GEHT'S!

1 go.marcopolo.de/sal

2 downloaden und entdecken

GO!

OFFLINE!

SYMBOLE

- INSIDER TIPP Insider-Tipp
- ★ Highlight
- ●●●● Best of ...
- Schöne Aussicht
- Grün & fair: für ökologische oder faire Aspekte
- (*) kostenpflichtige Telefonnummer

PREISKATEGORIEN HOTELS

€€€	über 120 Euro
€€	80–120 Euro
€	bis 80 Euro

Die Preise gelten für ein Doppelzimmer pro Nacht einschließlich Frühstück

PREISKATEGORIEN RESTAURANTS

€€€	über 35 Euro
€€	22–35 Euro
€	bis 22 Euro

Die Preise gelten für ein Essen mit Vor-, Haupt- und Nachspeise ohne Getränke

GUT ZU WISSEN
Geschichtstabelle → S. 14
Spezialitäten → S. 28
Lesehunger & Augenfutter → S. 66
Feiertage → S. 125
Was kostet wie viel? → S. 129
Wetter → S. 131

KARTEN IM BAND
(134 A1) Seitenzahlen und Koordinaten verweisen auf den Reiseatlas
(0) Ort/Adresse liegt außerhalb des Kartenausschnitts
Es sind auch die Objekte mit Koordinaten versehen, die nicht im Reiseatlas stehen
(U A1) Koordinaten für die Karte der Stadt Salzburg im hinteren Umschlag

(🗺 A–B 2–3) verweist auf die herausnehmbare Faltkarte

(🗺 a–b 2–3) verweist auf die Zusatzkarte auf der Faltkarte

UMSCHLAG VORN:
Die wichtigsten Highlights

UMSCHLAG HINTEN:
Stadtplan von Salzburg

Die besten MARCO POLO Insider-Tipps

Von allen Insider-Tipps finden Sie hier die 15 besten

INSIDER TIPP Asien mit Gin
Coole Location im hippen Bad Gastein: Das *Ginger n' Gin* im altehrwürdigen Grand Hotel de l'Europe hat – der Name lässt's vermuten – eine große Auswahl an Gin und Asian Fusion Food → S. 72

INSIDER TIPP Natur erleben
Im *Biosphärenpark* im Lungau tauchen Sie ein in die Natur – bei geführten Kräuter-, Bergsee- und Moorwanderungen → S. 85

INSIDER TIPP Tradition mit ganz viel Atmosphäre
Schöner kann das Wohnen auf dem Bauernhof nicht sein als auf dem gemütlichen, Historie atmenden *Winterstellgut* in Annaberg → S. 71

INSIDER TIPP Underground
Wenn im September das Wasser des Almkanals ausgelassen wird, können Sie in Salzburg den *Stiftsarmstollen*, Europas ältesten Trinkwasserstollen, zu Fuß durchqueren → S. 38

INSIDER TIPP Hängebrücke und Baumwipfelabenteuer
Auf dem *Baumzipfelweg* in Saalbach-Hinterglemm wandern Sie in 30 m Höhe durch die fremde Welt der Baumkronen, tolle Gipfelblicke inklusive → S. 95

INSIDER TIPP Hinter die Kulissen blicken
Eine Führung durch die Salzburger *Festspielhäuser* eröffnet Einblicke hinter die Bühne → S. 35

INSIDER TIPP Wo der Haubenkoch feine Biokost zaubert
Bei Bioküche und fleischlosen Köstlichkeiten wird man im *Josef und Maria*, dem Bistro des Gourmetrestaurants Mesnerhaus in Mauterndorf, glücklich → S. 82

INSIDER TIPP Baden im Wald
Im *Waldbad Anif* erfrischen sich die Locals im Sommer. Wunderschöner Waldsee mit Badeinsel und Seerestaurant → S. 46

INSIDER TIPP Ein Spiegel für Disney

Zum Preberschießen kommen Gäste aus aller Welt in den Lungau. Die Oberfläche des *Prebersees* ist so besonders, dass, so wird gemunkelt, sogar Walt Disney begeistert war. Und einen Kopierversuch unternahm → S. 87

INSIDER TIPP Salzburgs schöne Schattenseite

Die stadtnahe *Glasenbachklamm* bietet im Sommer Schatten und Erfrischung → S. 46

INSIDER TIPP Gipfelfrühstück

Die Gasteiner treiben guten Geschmack auf die Spitze und servieren auf dem Kreuzkogel ein *Gourmetfrühstück* mit Aussicht → S. 74

INSIDER TIPP Auf den Spuren Trakls

Briefe, Schulzeugnisse, Fotos und vieles mehr: Einblicke in Werk und Leben von Georg Trakl zeigt das *Traklhaus am Waagplatz* in der Stadt Salzburg, wo der berühmte Lyriker geboren wurde → S. 38

INSIDER TIPP Nichts für schwache Nerven

Wagemutige nehmen vom Berg Asitz in Leogang den Weg ins Tal mit der spektakulären Stahlseilrutsche *Flying Fox XXL* – mit einer Geschwindigkeit von bis zu 130 km/h! → S. 97

INSIDER TIPP Inselpicknick

Sie haben nach dem vielen Wandern das Bedürfnis nach etwas Entspannung? Auf der *Murinsel* in Sankt Michael Picknickdecke und Jause auspacken (Foto li.) und dann hinauf auf das Piratenschiff! → S. 84

INSIDER TIPP Action im Naturpark

Wanderer kommen im *Naturpark Weißbach* in den Genuss von geführten Touren. Aber auch Radfahrer kommen auf ihre Kosten: Zahlreiche kilometerlange Mountainbikestrecken locken Action-Freunde (Foto u.) → S. 90

BEST OF ...

TOLLE ORTE ZUM NULLTARIF

Neues entdecken und den Geldbeutel schonen

SPAREN

Barocke Schönheit

Die barocken Gartenlagen des *Schlosses Mirabell* zählen zu den schönsten der Welt und sind mit Blick auf die Festung Hohensalzburg ein beliebtes Fotomotiv. Flanieren im Garten, Verstecken spielen im Heckenlabyrinth und im Zwergerlgarten der Hektik der modernen Zeit entfliehen – alles, ohne einen Cent zu zahlen (Foto) → S. 38

Wandern zwischen wilden Tieren

Im Almdorf Schlögelberger im Lungau wandern Sie durch einen *Wildpark*, in dem Rotwild, Sikahirsche, Steinböcke und flauschige Alpakas aus nächster Nähe zu beobachten sind. Eintritt frei! → S. 83

Coole Kunst für lau

Im Rahmen des Künstlerprogramms der *sommer.frische.kunst* entstehen im Sommer wunderbare Werke von internationalen Künstlern. Diese können in unterschiedlichen Galerien kostenlos besichtigt werden. Tipp: die Galerie im alten Kraftwerk am Wasserfall → S. 78

Salzburger Festspiele ohne Eintrittskarte

Am Kapitelplatz hinter dem Dom werden bei den *Siemens-Festspielen* Festspielaufführungen live übertragen oder ältere Produktionen auf der Riesenleinwand gezeigt. Eintrittskarten sind nicht nötig, aber warme Kleidung: Die Nächte in Salzburg sind oft kühl → S. 32

Klettern über den Dächern der Stadt

Die *Kletterwand* am Mönchsberg mitten in Salzburg ist öffentlich zugänglich und kann kostenlos genutzt werden. Zwölf verschiedene Kletterrouten stehen zur Verfügung – von einfach über mittelschwer bis sehr schwierig. Und in der Glockengasse geht's auf der *City Wall* gut gesichert auf den Kapuzinerberg → S. 118

Jause im Biergarten

Das *Augustiner Bräustübl* in Salzburg hat den größten Biergarten Österreichs. Genießen Sie im Schatten von Kastanien das beliebte Bier. Ihre Jause dürfen Sie selbst mitbringen, Getränke nicht! → S. 39

TYPISCH SALZBURGER LAND

Das erleben Sie nur hier

Ganz Ohr bei den Salzburger Festspielen

Der Besuch der Salzburger Festspiele ist ein Erlebnis: Opernstars und die renommiertesten Orchester der Welt geben hier ihr Können zum Besten. Also: Abendrobe und Anzug in den Koffer, dann sind Sie bestens gerüstet. Karten besser vorher online bestellen, denn Restkarten sind rar! → S. 124

Schifferlfahren und Kaffeetratsch

Kitschig schön: Eine Schiffsfahrt über den *Wolfgangsee* (Foto), mit der Retrozahnradbahn auf den Schafberg und retour, durch *Sankt Wolfgang im Salzkammergut* flanieren und anschließend in *Bad Ischl* kaiserlich Kaffee und Kuchen genießen → S. 66, 65, 55

Falken auf der Burg

Im Salzachtal liegt die *Erlebnisburg Hohenwerfen*. Begeben Sie sich bei einem Rundgang in die Vergangenheit, erleben Sie hautnah den Flug von Falken und Adlern bei den Vorführungen des Landesfalkenhofs. Und kehren Sie anschließend in der mittelalterlichen Burgschenke ein → S. 78

Höhlentrip

Im Pongau wandert man nicht nur auf Bergspitzen, auch das Innere der Berge kann besichtigt werden. Die *Eisriesenwelt* in Werfen ist eine beeindruckende Reise ins Eis: Zapfen und Eisplatten reflektieren den Schein der Öllampen, die jeder Besucher selbst trägt → S. 78

Tosendes Wasser in enger Schlucht

Wenn Sie die *Liechtensteinklamm* betreten, können Sie sich auf ein Naturschauspiel der Extraklasse gefasst machen: Unter den ausgewaschenen Felswänden wuchten sich mächtige Wassermassen entlang und stürzen in die Tiefe, während Sie auf gut gesicherten Stegen das tobende Chaos erleben → S. 76

Von den Skiern in den Bikini

Am Vormittag eine Skitour am *Kitzsteinhorn*, am Nachmittag in *Zell am See* in den See springen – klingt komisch, ist aber so: Im Salzburger Land bleibt der Gletscher bis Juli geöffnet. Das ist alles außer langweilig → S. 97

BEST OF ...

SCHÖN, AUCH WENN ES REGNET
Aktivitäten, die Laune machen

Ausflug ins ewige Eis
Am Kitzsteinhorn – auf über 3000 m Höhe – erleben Sie in der *Gipfelwelt 3000* die Faszination hochalpiner Natur → S. 99

Abenteuer im Badeparadies
Stolze 30 000 m^2 ist die *Alpentherme* in Bad Hofgastein groß. Hier vergehen Regentage im Flug, dank Thermalbecken, Saunen, Speed-Rutsche, Multimedia-Erlebnisdom und Spieleraum → S. 73

Im Regen lernen
Sie wollten immer schon wissen, wie viel Sie auf dem Mond wiegen? Dann ab ins *Haus der Natur* in Salzburg! Dort gibt es übrigens auch einen brüllenden Dinosaurier zu sehen → S. 36

REGEN

Gegenwartskunst mit Aussicht
Kunst des 20. und 21. Jhs. erwartet Sie in Salzburgs *Museum der Moderne*. Und dazu ein atemberaubender Blick vom Mönchsberg über die Altstadt beim Apfelstrudel im Museumscafé M32 → S. 37

Gänsehaut im Sagenschloss
Der Lungau ist bekannt für schaurige Sagen und geheimnisvolle Geschichten. Im *Schloss Moosham*, das oft als Filmkulisse diente, tauchen Sie in die Welt der Mythen ein – Gruseleffekt inklusive (Foto) → S. 83

Die Welt des Wassers
In den *Wasserwelten Krimml* bleiben Sie trocken, wenn Sie den Weg des Wassers von den Tauerngipfeln bis zu den Krimmler Wasserfällen in der imposanten 3D-Präsentation verfolgen → S. 92

Spektakuläre Bergwelten erleben
Die Hohen Tauern aus Adleraugen: Die Ausstellung *Nationalparkwelten* führt in die einzigartige alpine Welt rund um den Großglockner, Österreichs höchsten Gipfel → S. 90

ENTSPANNT ZURÜCKLEHNEN
Durchatmen, genießen und verwöhnen lassen

ENTSPANNT

Relaxt paddeln
Die wunderbar klaren Seen des Salzkammerguts und die warmen Seen des Salzburger Seenlandes lohnen immer für einen *entspannenden Paddeltag*. Probieren Sie's aus, etwa am Wallersee → **S. 50**

Erst mal einen Kaffee
Salzburger machen herrlichen Kaffee. Pause gefällig? Dann ab ins *220 Grad*, aussuchen, bestellen und: entspannt schlürfen! Die Auswahl an Kaffeesorten und -zubereitungsarten ist groß, die Beratung kompetent → **S. 39**

Baden in der Atmosphäre der guten alten Zeit
Die stimmungsvolle *Badeanstalt am Goldegger See* stammt noch aus der Zeit um 1900, die hölzernen Umkleidekabinen erinnern an anno dazumal. Auf den Holzpritschen rekelt man sich in der Sonne, natürlich nach dem Bad im angenehm warmen Moorsee → **S. 77**

Rundumversorgung für Genießer
Aufs Beste umsorgt werden Sie in den Genusswelten der Familie *Döllerer* in Golling: Im Wirtshaus gibt's Bodenständiges, im Restaurant Gehobenes, im Hotel Kuscheliges, in der Enoteca Spirituelles, in der Metzgerei Wurstiges und im Genusspackerl von allem etwas → **S. 75**

Wellness für Körper und Seele
Während über den Gipfeln von Kaprun der Sonnenuntergang den Himmel rot färbt, lassen Sie sich im warmen Wasser des Outdoorbereichs in der *Tauern Spa World* treiben, genießen den Blick aus der Panorama-Biosauna oder eine Salzburger Gebirgshonigmassage → **S. 99**

Verliebte vor!
Romantik in der Kamin- oder Seeblicklounge: „Kuschelhotel" nennt sich das Hotel *Seewirt Mattsee* → **S. 52**

Mehlspeisen mit Flair
In der *Konditorei Zauner* in Bad Ischl ist – mit Zaunerkipferln und anderen süßen Versuchungen – noch k. u. k. Flair zu spüren → **S. 56**

AUFTAKT

ENTDECKEN SIE DAS SALZBURGER LAND!

Die Schönheit des Salzburger Landes mit seinen Bergen, grünen Wäldern, saftigen Almen, sanften Hügeln und klaren Seen zog immer schon viele Besucher in ihren Bann. Zu den berühmtesten, die schließlich hier eine zweite Heimat fanden, zählen Paracelsus, Stefan Zweig, Thomas Bernhard, Peter Handke oder Dietrich Mateschitz. Genies wie Wolfgang Amadeus Mozart, Christian Doppler, Leopold Kohr, Georg Trakl oder Herbert von Karajan wurden hier geboren und prägten Stadt und Land. Im Hinblick auf die Größe bekleidet das Salzburger Land zwar nur Rang sechs unter den österreichischen Bundesländern, aber die ***Vielfalt von Kultur- und Naturraum*** erreicht keines der anderen. Hier treffen Tradition und Fortschritt, Frühgeschichte (Kelten und Römer) und Zukunftsforschung (Robert-Jungk-Bibliothek für Zukunftsfragen) aufeinander.

Die Stadt Salzburg selbst – ***Gesamtkunstwerk, strahlende Schönheit und barocke Weltstadt im Kleinformat*** – verdankt ihren Wandel von der mittelalterlichen Metropole zum Weltkulturerbe den prunkliebenden Fürsterzbischöfen. Großzügige Plätze, prachtvolle Kirchen wie der Dom oder die Kollegienkirche, hohe Türme, mächtige Kuppeln und darüber thronend die weiße Festung Hohensalzburg: Sie prägen seit

Bild: Himmelspforthütte auf dem Schafberg mit Blick auf den Mondsee

Natur, Berge und ein Pferd – was braucht es mehr für einen Urlaub?

dem 17. und 18. Jh. das Bild der Stadt. Finanziert wurden Glanz und Prunk mit den Einnahmen aus dem ***Salzhandel***, der Abbau im benachbarten Hallein zählte zu den größten der Welt. Weitere Einnahmequellen lagen ebenfalls im Boden des Landes, dazu zählen beispielsweise der Goldabbau in den Minen in den Hohen Tauern oder die Gewinnung von Arsen im Lungau – ohne das hochgiftige Element gäbe es kein venezianisches Muranoglas.

Nach dem Ende der erzbischöflichen Ära wurde die Kulisse Salzburgs in ein romantisches Tourismusziel verwandelt, mit Hilfe der Ausstrahlung der ***Salzburger Festspiele*** und ihres berühmtesten Sohns, ***Wolfgang Amadeus Mozart***. Dass sie dem ehemals

3000–100 v. Chr. Abbau von Kupfer in Mühlbach am Hochkönig und von Salz auf dem Dürrnberg

50–160 n. Chr. Blütezeit der römischen Stadt Juvavum (Salzburg)

696 Rupert, der spätere Landespatron, beginnt Salzburg zu missionieren und gründet St. Peter

739 Salzburg wird Bischofssitz

1198 Vollendung des romanischen Doms in Salzburg

1498 Vertreibung der Juden aus dem Erzbistum

ungeliebten und rebellischen Genie „Wolferl" eine Menge verdankt, ist der Stadt bewusst, und sie würdigt den Komponisten mit zahlreichen Festivals und Events. Doch nicht nur diese faszinieren Menschen aus aller Welt. ***Mehr als 4000 Kulturveranstaltungen im Jahr*** zeigen, wie gut Salzburg den Anschluss an das 20. und 21. Jh. geschafft hat; dazu kommt eine unvergleichliche Fülle interessanter Architektur: das Museum der Moderne, das Haus für Mozart, der Makartsteg, die Edmundsburg über dem Festspielhaus sind nur einige der Highlights. Das Salzburg Museum in der Neuen Residenz und Mozarts Geburtshaus punkten mit zeitgemäßer Präsentation ihrer Themen. Traditionsreiche Manufakturen wie die mehr als 700 Jahre alte Stiftsbäckerei Sankt Peter, die Konditorei Fürst, die ***Erfinderin der Mozartkugel***, oder ***Österreichs ältestes Kaffeehaus*** – das Tomaselli – haben ihre Adresse in der Altstadt. Salzburg ist ein seltener Glücksfall: eine Weltstadt im Kleinformat.

Was die Stadt dem rebellischen „Wolferl" alles verdankt

Und auch die Umgebung sucht ihresgleichen. Nur eine halbe Autostunde nördlich der Stadt – im Flachgau – laden sanfte Hügellandschaften mit türkisfarbenen Seen dazu ein, sich zurückzulehnen und die Gedanken mit den Wolken um die Wette schweifen zu lassen. Oder sportlich aktiv zu werden: ***Baden, segeln, radeln und golfen*** kann man am Obertrumer- und Mattsee, am Graben- oder Wallersee. Etwas weiter östlich dann, im Salzkammergut, das sich die Steiermark, Oberösterreich und Salzburg teilen, befindet sich die Wiege der guten alten Sommerfrische. Der beschauliche Charakter der von Seen und Bergen geprägten Landschaft ist sozusagen die ***Blaupause für die Sommerferien von einst***, die heute einem vielfältigen Angebot vor allem für Familien Platz gemacht hat: Streichelzoos, Klettergärten, Sommerrodelbahnen, Erlebnisparks und -bäder. Stressgeplagte und Erholungsuchende kommen in der ehemaligen Kaiserstadt Bad Ischl beim ***Kuren im schwefel- und solehaltigen Wasser*** wieder ins physische und psychische Gleichgewicht. Der Sprung ins kühle Wasser – in Wolfgang-, Atter-, Traun-, Hallstätter-, Grundl- oder Altausseer See – bleibt dabei ebenso unver-

Vielfältige Angebote für Familien und Erholungsuchende

1525/26 Belagerung der Festung Hohensalzburg während der Bauernkriege

1756 Wolfgang Amadeus Mozart wird in Salzburg geboren

1803 Auflösung des Erzbistums

1816 Salzburg wird endgültig österreichisch

1920 Die Salzburger Festspiele finden zum ersten Mal statt, mit dem „Jedermann" werden sie eröffnet

1945–1955 Amerikanische Truppen halten das Land besetzt

gesslich wie die traumhaften Aussichten vom Schafberg, von der Drachenwand, dem Schober, dem Loser oder die ***selbst gesammelten Moosbeeren*** in den herrlich duftenden und kühlen Wäldern.

Keine europäische Ferienregion bietet auf etwas mehr als 7100 km^2 Vergleichbares: die sanfte hügelige Seenplatte im Norden, Richtung Süden dann die Almen, die vor den Kalkalpen enden. Der Alpenhauptkamm im Westen mit 3000 m hohen Gipfeln, Gletschern, einsamen Tälern, Murmeltieren, Schneehasen und hochalpiner Vegetation wie Edelweiß und Enzian ist durch den ***Nationalpark Hohe Tauern*** vor jedem Eingriff geschützt. Die Nationalparkregion betreibt aktuell das größte Klimaschutzprojekt im österreichischen Tourismus: Der Service – vom Bahnhofshuttle bis zum Nationalparkwanderbus – etwa gönnt Autos eine Auszeit und die Tauern-Alpin-Genusswirte *(www.tauernalpin.at/genusswirte)* servieren beim „Projekt HochGenuss" ausschließlich Gerichte mit in der Nationalparkregion produzierten Zutaten. Im ersten ***Gletscherskigebiet*** Österreichs am Kitzsteinhorn, eine Autostunde südlich von Salzburg, wedeln Snowboarder und abenteuerlustige Freerider oberhalb von Kaprun über die Hänge. Zu alpiner ***Wellness*** laden im Tal die Alpentherme in Bad Hofgastein und das Tauern Spa in Kaprun ein. Wanderer finden zahlreiche Höhenwege über die Pinzgauer Grasberge mit den vergletscherten Hohen Tauern im Süden und den charakteristischen Kalkalpen im Norden. Im Süden beschließen die sanften Lungauer Nockberge dann das Land. Hier, in der sonnenreichsten Region Österreichs, sind 60 Bergseen zu entdecken, 1800 Almen bedecken ein Viertel der Landesfläche.

Bahnhofshuttle und Null-Kilometer-Menü für den Klimaschutz

Und was für viele Tourismusdestinationen oft eine leere Worthülse ist, für die Menschen des Salzburger Landes und des Salzkammerguts ist es selbstverständlich: In Ortschaften, ***beim Wirtn, aufm Bankerl und auf Almen sitzt man z'sam***. Regionale Spezialitäten wie Bauernbrot und Speck werden serviert und ein Schnapserl trägt dazu bei, dass die Geschichten immer aufregender werden. ***Traditionen*** werden in Kirchen, Klöstern und Regionalmuseen gelebt, Umzüge wie die Krampusläufe oder der Samson-Umzug im Lungau ziehen jedes Jahr Scharen von Besuchern an und haben über Brauchtumsnachwuchs nicht zu klagen. Und auch wenn der Einfluss der

1997 Die Salzburger Altstadt wird Teil des Unesco-Welterbes

2006 Zu Mozarts 250. Geburtstag öffnet das Haus für Mozart

2009 Das renovierte Haus der Natur, Salzburgs größtes Museum, öffnet

2014 Mit dem Domquartier Salzburg öffnet eine riesige Museumslandschaft

2016 Salzburg gehört seit 200 Jahren zu Österreich. Das Salzburg Museum widmet dem Jubiläum die sehenswerte Dauerausstellung „Erzähl mir Salzburg"

In den Kitzbüheler Alpen zwischen Salzburg und Tirol: Skipause mit Weitblick

Kirche wie überall auch im Salzburger Land im Schwinden begriffen ist, so sind an hohen Festtagen wie Weihnachten, Ostern oder Pfingsten die Gottesdienste immer noch gut besucht.

„Das Salzburger Land ist das Herz vom Herzen Europas. Das mittlere Europa hat keinen schöneren Raum – und gerade hier musste Mozart geboren werden", so schrieb Hugo von Hofmannsthal im Gründungsmanifest der Salzburger Festspiele 1919. Dieser schöne Raum zieht ***pro Jahr rund 3000 neue Salzburger*** an, die Hälfte davon kommt aus EU-Staaten, die meisten aus Deutschland. Und sie lassen sich vor allem in den nördlichen Bezirken und in der Stadt Salzburg nieder, das geht aus den aktuellen Ergebnissen der Landesstatistik hervor. Schlicht perfekt also ist es, das Salzburger Land: zum Wohnen, Arbeiten – und natürlich, um Urlaub zu machen. Denn kaum irgendwo sonst ist es im Sommer möglich, morgens auf dem Gletscher am Kitzsteinhorn auf den Skiern zu stehen, nachmittags im Zeller See zu baden und abends Hochkultur bei den Salzburger Festspielen zu genießen. Die einzige Qual ist also die Qual der Wahl, wenn Sie im Salzburger Land Ihre Ferien verbringen: ***Ein See ist schöner als der andere, ein Berggipfel höher als der nächste.*** Und eine Festspielaufführung wundervoller als die vorherige. Also – auf geht's! Es gibt viel zu entdecken und vor allem zu erleben. Und vielleicht verspüren Sie dann auch eines Tages ganz plötzlich das innige Bedürfnis, für immer hier zu bleiben.

Morgens Ski fahren, abends ins Konzert

IM TREND

1 Electric Love

Live & laut Von wegen zünftige Volksmusik – in den Bergen geht's auch ganz anders. Dubstep, Electro, House, Hardstyle und Drum and Bass geben beim *Electric Love Festival (www.electriclove.at) (Foto)* am Salzburgring, Salzburgs Rennstrecke in Plainfeld, den Ton an. Beim dreitägigen Festival kommt am zweiten Juliwochenende die Weltelite der DJ-Szene zusammen und bringt rund 100 000 junge und ältere Fans der elektronischen Musik zum Tanzen.

2 Immer an der Wand lang

Spiderman's Homebase In Salzburgs Innenstadt trifft man abends jede Menge Menschen, die sich mit Helm und Sicherungsgurt durch die engen Gassen drängen. Die Einheimischen treffen sich an der City Wall zum Afterworkklettern und genießen oben angekommen mit einer Dose Bier den Sonnenuntergang. Wer Lust auf eine größere Tour hat, fährt aufs Land: Die Brustwand in St. Gilgen oder die Kleine Scharte im Gasteinertal sind gute Tipps für Genusskletterer. Helm und Klettersteigset sind Pflicht!

3 Radfahren 2.0

E-Biken Echte Salzburger pfeifen aufs Auto und schwingen sich stattdessen aufs Rad. Achtung: Dank der beliebten E-Bikes wird man neuerdings von sportlichen Opas und Omas überholt. Sogar Mountainbikes tragen mittlerweile Hüfttaschen mit Elektromotoren. Wer verstehen will, was die Locals am E-Bike so fasziniert, der fährt am besten ins Bike-Eldorado Leogang und tobt sich dort im *Bikepark (bikepark.saalfelden-leogang.com)* aus!

Im Salzburger Land gibt es viel Neues zu entdecken. Das Spannendste auf diesen Seiten

Trachtig

4

Neue alte Tradition Seit Beginn der Salzburger Festspiele 1920 gehören sie dazu: das Dirndl und die Lederhose. Einen besonderen Boom erfuhr die Trachtenmode in den 1930er-Jahren. In den 80er-Jahren des 20. Jhs. ebbte die Nachfrage nach der alpinen Traditionskleidung merklich ab, doch seit Kurzem ist das Tragen von Trachten wieder im Kommen – gerade auch bei der jüngeren Generation gehört es zum Lifestyle dazu. Nicht nur zum Besuch der Volksfeste wie *Salzburger Dult (www.dult.at)*, *Salzburger Rupertikirtag (www.rupertikirtag.at)* oder *Ausseer Kirtag (www.bierzelt-altaussee.at)* kleidet man sich trachtig (s. S. 31). Sogar bei der Jugend ist die Tracht neuerdings beliebt, oft in gewagter Kombination mit Sneakern oder Polohemd!

Back(en) to the Roots

5

„Das Rezept hab ich von Christina" – diesen Satz hört man in Salzburg oft bei jungen Leuten. Wer Christina ist? Eine bloggende, brotbackende Bäuerin *(www.backenmitchristina.at)* aus dem Lungau. Mit ihrer Leidenschaft zum Grundnahrungsmittel Brot hat sie einen regelrechten Hype ausgelöst. Die Plätze für ihre Backkurse gehen weg wie ihre warmen Semmeln und sind auf Monate hinweg ausgebucht. Noch so ein Trend: Jung und Alt verzichten auf Gebäck aus dem Supermarkt und investieren ihr Erspartes lieber in Küchenmaschinen. Ursprünglicher geht es in Roswitha Hubers *Schule am Berg (www.schule-am-berg.at)* im Rauriser Tal zu. Auf über 1000 m Seehöhe lernen Sie hier, im Holzofen Brot zu backen, das schmeckt wie damals bei Omi.

FAKTEN, MENSCHEN & NEWS

EIN LAND VON BIERTRINKERN

Kein Witz: Fragen Sie einen Salzburger, welches weltbewegende Ereignis im Jahr 1492 stattgefunden hat, werden Sie in den meisten Fällen nicht „die Entdeckung Amerikas" als Antwort erhalten. Viel wichtiger ist den Salzburgern, dass in jenem Jahr ihre heiß geliebte Stieglbrauerei gegründet wurde. Sie sehen schon: Salzburg ist eine echte Bierstadt, was nicht zuletzt an der Nachbarschaft zu Bayern liegt. Bis heute gibt es in Salzburg viele kleine Privatbrauereien, die ganz hervorragende Biere produzieren – und das allen internationalen Konzerninteressen zum Trotz. Wer sich durch Salzburg trinken möchte, probiert die Hopfensäfte der Brauereien Trumer (Pils), Stiegl *(Goldbräu, www.stiegl.at)* und Gusswerk (diverse Craftbiere).

LOST IN TRANSLATION

Wissen Sie, was eine „gschtiatschte Möz" ist? Wenn nicht, machen Sie sich nichts draus, denn Sie sind nicht allein. Im Salzburger Land gibt es nicht nur einen, sondern eine Vielzahl an regionalen Dialekten. Wenn Sie also die eingangs erwähnte *gschtiaschte Möz* nicht als niedliches Mädchen aus dem Pinzgau identifizieren konnten, macht das nichts: Den meisten Salzburgern geht es genauso. Manche Dialektausdrücke sind dennoch universell einsetzbar. Mit einem freundlichen „Griaß di" (Hallo), „Pfiat di" (Tschüss) oder einfach „Seavas" (Servus) werden Sie im ganzen Land Sympathie-

Bild: „Der Rosenkavalier" von Richard Strauss bei den Salzburger Festspielen

Geschichten von machthungrigen Erzbischöfen, geschäftstüchtigen Touristikern und echten Genies

punkte sammeln. Beginnen Sie deshalb am besten sofort mit dem Üben!

SCHAULAUFEN DER SCHICKERIA

1920 wurde am Salzburger Domplatz Hugo von Hofmannsthals „Jedermann" uraufgeführt. Das Stück galt als Wegbereiter der weltberühmten Salzburger Festspiele. Deshalb wird es bis heute jedes Jahr aufs Neue vor der imposanten Freiluftkulisse des Doms gezeigt. Dabei ist die Handlung nichts Besonderes: Das Stück erzählt vom Hochmut des reichen (Jeder-)Mannes, der im Angesicht des Todes zum Glauben zurückfindet. Böse Zungen behaupten, der erhobene Zeigefinger wendet sich vor allem an die betuchten Festspielgäste selbst. Gut möglich, schließlich ziehen Millionäre aller Länder jedes Jahr ihre eigene Show ab. Aber: Auch wenn die Salzburger gern über die Macken der reichen Festspielgäste lachen, wissen sie doch um den enormen (finanziellen) Benefit des Festivals für ihre Stadt.

NATURWUNDER

Mund zu, weiteratmen: Beim Anblick von Europas höchsten Wasserfällen in Krimml kann schon mal vor lauter Staunen der Mund offen bleiben. Dabei handelt es sich bei den mächtigen Kaskaden nur um eines von vielen Naturwundern, die Sie im Nationalpark Hohe Tauern besuchen können. Die Hohen Tauern sind eine Gebirgskette, die sich im Süden des Salzburger Landes zu mächtigen Dreitausendern auftürmt. Schon vor Jahrzehnten wurde sie zum Nationalpark erklärt. Seitdem finden Ausflügler und Abenteuer hier ein Naturparadies vor, das weltweit seinesgleichen sucht. Highlights gibt es hier viele zu entdecken: Etwa die Großglockner Hochalpenstraße mit ihren Serpentinen und traumhaften Ausblicken, den Rauriser Urwald oder den fast schon kitschig schönen hochalpinen Weißsee in Uttendorf. Hier herrschen arktische Klimabedingungen, auch wenn die früher mächtigen Gletscher immer kleiner werden. Im Museum im *Nationalparkzentrum Hohe Tauern* (s. S. 90) in Mittersill werden die Geschichte und der Lebensraum der Hohen Tauern unterhaltsam vermittelt. Absolut familientauglich, keine Langeweile!

GANZ SCHÖN SCHEINHEILIG

Sie denken beim Salzburger Land an kaiserliche Idylle à la Sisi und Franzl? Dann müssen wir Sie enttäuschen: Salzburgs Geschichte verlief lange Zeit unabhängig von der k. u. k. Monarchie. Bis 1816 war das Land ein eigenständiger Kleinstaat, der von katholischen Erzbischöfen regiert wurde. Die reichen Kirchenfürsten nutzten ihre Einnahmen aus dem

Zwischen den beeindruckenden Felsen der Hohen Tauern liegt der Stausee Mooserboden

Salzhandel, um Salzburgs Altstadt in ein barockes Kunstwerk zu verwandeln. Wenig feinsinnig zeigte sich der Klerus dagegen im Umgang mit Andersgläubigen: Bei mehreren Protestantenvertreibungen wurden ganze Landstriche entvölkert und auch gegen Juden ging man mit harter Hand vor.

HEISSGELIEBTER NESTBESCHMUTZER

Mozart hasste seine Heimatstadt. So, jetzt ist es raus! Das hinderte die Salzburger freilich nicht daran, bald nach dem Tod des Genies mit der Vermarktung seines Erbes zu beginnen. Wolfgang Amadeus Mozart wurde im Jahr 1756 in der Getreidegasse 6 geboren und bereiste als musikalisches Wunderkind halb Europa. Später zog Mozart nach Wien, wo er ein echtes Künstlerleben führte: Er spielte gerne Karten und Billard, verdiente viel Geld und gab noch mehr davon aus. Ganz nebenbei schuf er in seinem kurzen Leben einige der bedeutendsten Werke klassischer Musik. Kaum auszudenken, was der Musiker mit dem absoluten Gehör noch alles geschafft hätte, wäre er nicht mit 35 gestorben.

Was Mozart seiner Heimatstadt Salzburg abgesehen von traumhafter Musik und geschmacklosen Souvenirs sonst noch hinterlassen hat? Da wäre etwa die original Salzburger Mozartkugel. 1890 wurde erstmals vom Salzburger Konditormeister Paul Fürst ein Mozart-Bonbon vorgestellt, das er später als Mozartkugel verkaufte. Die kugelrunde Praline aus Schokolade, Nougat und grünem Pistazienmarzipan wurde 1905 auf einer Pariser Ausstellung mit einer Goldmedaille ausgezeichnet. Seither gibt es unzählige Konkurrenzprodukte, die sich in Qualität und Preis allerdings deutlich vom Original unterscheiden. Zumindest behaupten das die Schokoladekenner.

KULINARISCHE GELDQUELLE

Dem „weißen Gold" haben Stadt und Land, die Salzach und das Salzkammergut ihre Namen zu verdanken. Die Salzlagerstätten im Dürrnberg bei Hallein sowie in Hallstatt und Umgebung machten die Gegend schon früh zu einem Gewerbeland. Das Salz begründete und festigte Macht und Reichtum der Fürsterzbischöfe und veranlasste die Habsburger zu Beginn des 14. Jhs., einen eigenen Salzwirtschaftsstaat – das Salzkammergut – zu betreiben. Orte, in deren Geschichte das Salz eine große Rolle spielte, tragen oft das mittelhochdeutsche Wort *Hall* (für Salz) im Namen.

SCHNÜRLREGEN

Der Salzburger Schnürlregen ist kein eigenes Wetterphänomen, sondern schlicht ein Nieselregen. Vielleicht aber auch ein „Gschichterl", eine erfundene Geschichte, die in der Anfangszeit des Tourismus entstand. Vermutlich hat die Hommage Erich Kästners an den Salzburger Regen in seinem Buch „Der kleine Grenzverkehr" sie noch verstärkt: „Ziehen Sie die ältesten Schuhe an, die in Ihrem Schrank vergessen stehn! Denn Sie sollten wirklich dann und wann – auch bei Regen durch die Straßen gehen ...", so heißt es da. Ja, folgen Sie dem Rat Kästners, machen Sie sich mit einem Schirm auf den Weg, kehren Sie auf Ihrem Spaziergang in einem der rund 50 Kaffeehäuser der Stadt ein und stärken Sie sich mit Salzburger Nockerln und einem Verlängerten.

LITERATENLIEBE?

In Salzburg lebten und arbeiteten im vergangenen Jahrhundert zahlreiche bedeutende Schriftsteller, z .B. Thomas Bernhard, Georg Trakl oder Stefan Zweig. Doch die Beziehung der Salzburger Literaten zu ihrer Stadt war nicht immer einfach. Sie litten unter der Spießigkeit Salzburgs oder unter dem Hass der Nationalsozialisten. Wie dem auch sei: Heute sind die Salzburger stolz auf „ihre" Schriftsteller: Beschimpfungen verstorbener Autoren zu zitieren ist zum inoffiziellen Volkssport geworden. Weniger lustig ist die Tatsache, dass am Salzburger Residenzplatz die einzige Bücherverbrennung auf österreichischem Boden stattgefunden hat.

MODERNES MARKENZEICHEN

Red Bull kennt man überall auf der Welt. Was viele nicht wissen: Das Headquarter des Getränkeunternehmens steht im Salzburger Land, genauer gesagt in Fuschl am See. Dort ranken an der Straße Glaspavillons aus einem angelegten Wasserbecken, davor steht das Werk des Osttiroler Bildhauers und Künstlers Jos Pirkner: mehrere Bronzebullen, die aus dem Wasser steigen. Red Bull ist für Salzburger aber mehr als eine Getränkemarke. Das lifestylige Unternehmen bietet Jobs für junge Menschen und gestaltet auch das kulturelle Leben vor Ort mit. So findet man unter den lokalen Jahreshighlights z. B. den „Gstanzl-Battle", bei dem junge Rapper auf der Bühne gegen den klassischen Salzburger Singsang, das *Gstanzl*, antreten. Doch der Energydrinkproduzent hat nicht nur Fans: Viel Kritik bekam der Konzern etwa für die Vereinnahmung des lokalen Fußballvereins oder für die rechtspopulistischen Rülpser des Markentestimonials Felix Baumgartner. So ist der Drink unter Salzburgern jeden Alters ein beliebtes Streitthema.

DER FILM, DEN KEINER KANNTE

Sie glauben, Mozart und die Festspiele sind Salzburgs berühmtestes Aushängeschild in Übersee? Irrtum! Amerikaner denken beim Stichwort Salzburg vor allem an eines: den Film „The Sound of Music". Die berühmte Musicalverfilmung erzählt vom Leben der Salzburger Familie Trapp, die vor den Nazis in die USA fliehen musste und dort als Trapp Family Singers berühmt wurde. Ende der 1950er-Jahre wurde die Lebensgeschichte erst zum Musical, dann zum Hollywood-Blockbuster. Jedes Jahr kommen deshalb rund eine Viertel Million US-Amerikaner zu Besuch. Fragen Sie hingegen einen waschechten Salzburger, ob er „The Sound of Music" kenne, werden Sie oft ein Kopfschütteln ernten. In den letzten Jahren haben Salzburgs Tourismuswerber jedoch erkannt, dass mit der „The Sound of Music"-Mania richtig viel Geld zu verdienen ist. Und raten Sie mal ... Seitdem gibt es neben der kitschigen „Sound of Music Tour" auch Dinner Shows, Radtouren und sogar ein Musical am Landestheater. Der Rubel rollt, gesehen hat den Film in Salzburg trotzdem niemand.

ZU SCHÖN, UM WAHR ZU SEIN

Um die Entstehung des Weihnachtsliedes „Stille Nacht, Heilige Nacht" ranken sich viele Mythen. Die Lieblingsvariante der Salzburger besagt, das Lied sei entstanden, als in der Oberndorfer Kirche am Weihnachtsabend die Orgel kaputtging und abschließend zwei Männer aus dem Dorf mit ihrer Gitarre und einer einfachen Melodie das Fest retteten. Die Wahrheit ist – Sie ahnen es – weniger spektakulär: 1816 schrieb der Arnsdorfer Hilfspriester Joseph Mohr den Liedtext, zwei Jahre später ließ sich Dorfschullehrer Franz Xaver Gruber die Melodie einfallen. Fakt ist: Das Lied wurde ein Hit und in mehr als 300 Sprachen und Dialekte übersetzt. Heute zwingt „Stille Nacht, Heilige Nacht" zu Weihnachten auch die standhaftesten Salzburger emotional in die Knie.

BRAUCHTUM: YAY OR NAY?

War es vor einigen Jahren unter jungen noch uninteressant, Bräuche zu pflegen, gehört es nun wieder zum guten Ton. Ein winterlicher Brauch im Alpenraum ist der Krampus- oder Perchtenlauf. Krampusse begleiten rund um den 6. Dezember den Heiligen Nikolaus auf seiner Tour. Ein wenig Angst darf man vor den gruseligen Gestalten mit ihren Holzmasken und fellbedeckten Körpern schon haben: Mit ihren Ruten aus Zweigen schlagen sie gern zu und hinterlassen rote Striemen auf der Haut. Salzburger Kinder wachsen zwischen Faszination und Angst vor Krampussen auf. Schließlich richten diese einmal im Jahr darüber, ob man brav genug war, um den Schlägen zu entgehen. Die Bedeutung des Krampusbrauches hat sich übrigens im Laufe der Zeit geändert. Früher sollten die hässlichen Kerle böse Geister vertreiben, heute ist er ein Anlass, im Ort zusammenzukommen und die kunstvoll geschnitzten Masken der sogenannten „,Pässe", also der Vereine, zu bewundern.

Hat man sich vor den Krampussen in Sicherheit gebracht, begegnet man – vor allem in der Vorweihnachtszeit – den „Anglöcklern". Das sind engagierte Menschen, die von Haus zu Haus ziehen und Gedichte und Lieder vortragen. Das Geld, das sie dafür bekommen, wird meist für einen guten Zweck gespendet. Wie viele Salzburger Traditionen hat auch diese einen sozialen Hintergrund: Früher durften sich Bettler im Winter als Anglöckler etwas Geld verdienen und kamen so durch die kalte Jahreszeit.

Wer solch furchterregende Masken trägt? Krampusse, die Begleiter des Heiligen Nikolaus

ESSEN & TRINKEN

Von der oft deftigen Hausmannskost über leichte Biokost bis hin zur hochdekorierten Sterneküche findet man im Salzburger Land eine breite Palette an kulinarischen Leckerbissen – und jede Region hat ihre eigenen Spezialitäten.

Bei der Salzburger ***Hausmannskost*** spielt in Butterschmalz Ausgebackenes, wie Krapfen, Bladln und Hasenöhrl eine gewichtige Rolle, die Bioküche variiert mit regionalen Produkten, wobei auch Vegetarisches und Veganes immer mehr Einzug in Salzburgs Gastronomie finden. Die ***Sterne- und Haubenküche*** begibt sich gerne auf molekulare Ebenen.

Die hohe Qualität, die die Salzburger Küche in den vergangenen Jahren erreicht hat, spiegelt sich auch im Fachurteil der Restaurantkritiker wider. So ist mit dem *Obauer* in Werfen eines der wenigen Vier-Hauben-Lokale des Gault Millau im Salzburger Land angesiedelt. Mit jeweils drei Hauben ausgezeichnet wurden u. a. *Döllerers Genießerrestaurant* in Golling, das *Pfefferschiff* in Hallwang, das *Mesnerhaus* in Mauterndorf, das *Imperial* im Schloss Fuschl sowie das Restaurant *Hubertus – Johanna Maier* in Filzmoos. Unverwechselbar ist die Küche in der Stadt Salzburg im *Esszimmer (www.esszimmer.com)* von Andreas Kaiblinger, einem der besten und kreativsten Köche im ganzen Land; er setzt auf Gemütlichkeit, Genuss und Leidenschaft. Die Qualitätsziele spiegeln sich auch in anderen kulinarischen Bereichen, zum Beispiel beim Grundnahrungsmittel Brot. Der *Biobäcker Jakob Itzlinger (www.itzlingers.at)* aus der Fais-

Bild: Altenmarkt-Zauchensee

Nockerl, Bladl und Kaiserschmarrn: Die regionale Küche setzt auf Traditionelles, verfeinert durch den Geschmack der Moderne

tenau etwa versorgt die Salzburger mit Vollkornbrot aus natürlichen Zutaten – und zwar gleich mit 40 Brot- und 20 Kleingebäcksorten. Gesunde Backwaren bekommt man auch auf allen Salzburger Biomärkten, im Ökohof Feldinger *(www.oekohof.at)* und dem Halleiner Biomarkt.

In Salzburg und seiner unmittelbaren Umgebung hat das internationale Festspielpublikum eine ***kreative, regional gefärbte Küche*** gefördert. Eine typische Salzburger Küche mit unverwechselbaren Gerichten gibt es aber nicht, vielmehr zeichnet sich jeder Landesteil durch einzelne Gerichte aus. So unterscheiden sich die Pinzgauer Kaspressknödel von den Lungauer Kasknödeln dadurch, dass der Bergkäse im Pinzgau härter und pikanter ist. Auch das Gelingen von Kasnocken hängt stark von der Käsequalität ab. Sie werden in einer großen Pfanne, die auf einem „Pfannenknecht" steht, und mit grünem Salat als Beilage aufgetragen.

Was die Kasnocken für den Pinzgauer, sind für den Pongauer Bladl – ein meist

SPEZIALITÄTEN

Bierfleisch – geschmortes Rindfleisch mit Schwarzbrotwürfeln, das mit Bier aufgegossen und dann mit Koriander, Wacholderbeeren und Kümmel gewürzt wird

Biersuppe – Rindssuppe, gekocht mit dunklem Bier, Zwiebeln und Schwarzbrotwürfeln, passiert und mit Zimt, Nelken und getoasteten Weißbrotwürfeln verfeinert

Fleischkrapfen – Teigtaschen, die mit gekochtem Rindfleisch (geselchter Schopf), Speck, Zwiebel, Knoblauch und Petersilie gefüllt und in Fett ausgebacken werden

Gebackene Mäuse – Nockerl aus Germ- bzw. Hefeteig, die in heißem Fett gebacken werden

Hasenöhrl – einfacher Teig, in Dreiecke geschnitten und in heißem Fett herausgebacken. Wird entweder mit Zucker bestreut oder mit faschiertem Fleisch (Hackfleisch) gefüllt und mit Sauerkraut serviert

Moosbeernocken – aus dickflüssigem Blaubeerteig gebackene Pfannkuchen

Kaiserschmarrn – aus Eiern, Mehl, Milch, Vanillezucker und Rosinen, meist mit Zwetschkenröster, einer Art Kompott, serviert (Foto li.)

Kasnocken – eine Art Spätzleteig, der durch ein Nockensieb in kochendes Wasser gedrückt, mit fein geschnittenem Käse vermischt und mit gerösteten Zwiebeln oder Schnittlauch garniert wird (Foto re.)

Kaspressknödel – Knödel aus Mehl, Wasser, Ei, Salz und Pinzgauer Käse, in Fett goldgelb ausgebacken oder in Salzwasser gegart

Lungauer Eachtlingsuppe – Suppe aus einer speziellen Kartoffelsorte aus dem Lungau; der Gau verdankt ihr die Auszeichnung „Genussregion"

Mostbratl – mit Selchspeckscheiben belegter und in ein Schweinsnetz eingeschlagener Schopfbraten, unter wiederholtem Aufgießen von Most gegart; dazu gibt es Kartoffel- oder Semmelknödel

Muas – einfacher Schmarrn (Pfannkuchen) aus Mehl, Salz und Wasser, in Butterschmalz gebacken und mit frischen Beeren (Johannis-, Heidelbeeren) oder Kirschen vermischt

Salzburger Nockerl – Masse aus steif geschlagenem Eiweiß mit Puderzucker, Eigelb, Mehl und geriebener Zitronenschale, die im Ofen goldbraun gebacken wird

mit Roggenmehl zubereiteter Teig, in Quadrate oder Dreiecke geschnitten und in Fett ausgebacken – und Fleischkrapfen. Dazu gibt es Sauerkraut, das oft als Beilage zu finden ist. ***Nocken*** werden in allen Landesteilen gern gegessen, besonders in der süßen Variante mit Früchten der Jahreszeit wie Ribisel (Johannisbeeren), Moosbeeren (Heidelbeeren), Kirschen, Äpfeln, Birnen oder Zwetschgen. Die adelige Krönung all dessen ist der ***Kaiserschmarrn***, um dessen Herkunft sich viele Legenden ranken. Als unbestritten gilt, dass er den Namen von Kaiser Franz Joseph I. hat, der angeblich meinte: „Na geb' er mir halt den Schmarrn her, den unser Leopold da wieder z'sammenkocht hat." Die vielen Salzburger Gewässer liefern ***Forellen und Karpfen***. Einzigartig ist Walter Grülls Störzucht *(www.gruell-salzburg.at)* in Grödig, sein weißer Kaviar erzielt in der Spitzengastronomie astronomische Preise, in Hallwang/Tiefenbach ist Salzburgs erste Biofischzucht angesiedelt *(www.biofischzucht-krieg.at)*, und in Sankt Wolfgang kann man bei der Wolfgangsee Fischerei Höpflinger Reinanke, Saibling oder Karpfen erstehen.

Das Salzburger Land und das Salzkammergut sind keine Weinanbaugebiete. Dafür blickt die Gegend auf eine jahrhundertelange ***Biertradition*** (s. S. 20) zurück, was sich auch in der Speisezubereitung, wie etwa bei der Biersuppe oder dem Bierfleisch, einer Spezialität aus der Stadt Salzburg, niederschlägt. Keinen Wein anzubauen heißt aber keinesfalls, nichts von Wein zu verstehen. Abgesehen von den Spitzenrestaurants zeichnen sich mittlerweile auch die meisten Gasthöfe und Restaurants durch ein qualitätsbewusstes Weinangebot aus, wobei die österreichischen Weine wie Zweigelt und Grüner Veltliner bevorzugt auf der Karte stehen.

Salzburg ist nicht Wien, aber der ***Kaffee***, der klassisch österreichisch als Brauner, Mokka oder Verlängerter serviert wird, steht dem aus der Welthauptstadt der Kaffeehäuser in nichts nach. Im Café 220 Grad in der Salzburger Altstadt etwa gibt es preisgekrönten Kaffee aus hauseigener Röstung.

Feine Tropfen für Genießer: Apfeldestillat der Guglhof Destillerie in Hallein

Zum Schluss eines kulinarischen Höhenflugs kommt oft mit der Rechnung der ***Schnaps***. Man muss kein Freund von harten Sachen sein, um einen selbst gebrannten Vogelbeerschnaps genießen zu können. Im Herbst, wenn die Früchte der Eberesche dunkelrot sind, beginnt der Wettkampf zwischen Schnapsbrennern und Vögeln: Wer ist der Schnellere? Ist es der Schnapsbrenner, gibt es im nächsten Jahr wieder einen „Vogelbeernen". Das Sortiment geht freilich weit darüber hinaus und schließt Obstler, Birnen- und Marillenschnaps mit ein.

EINKAUFEN

Wofür das Salzburger Land berühmt ist? Trachten. Seit die traditionelle Kleidung ihren altmodischen Mief abgelegt hat, schlüpfen auch junge Salzburger wieder in Lederhose und Dirndlkleid. Oder soll es lieber ein kulinarisches Mitringsel sein? Wie wäre es mit einem Bier aus den vielen kleinen Brauereien, die sich Salzburg als Heimat aussuchen? Ein Schluck vom Hopfensaft ist die schönste Erinnerung an den Urlaub in den Bergen. Die bekannteste Einkaufsmeile in Salzburg Stadt ist die Getreidegasse, wo sich internationale Modelabels an urige Kaffeehäuser reihen. Lokale Designerläden finden Sie eher in der Linzergasse oder im Andräviertel auf der rechten Salzachseite. Bummeln macht übrigens nicht nur in der Stadt Salzburg Spaß, auch in den umliegenden Regionen wird moderner Alpenchic geschätzt und eine stylische Boutique nach der anderen eröffnet.

ALKOHOLISCHES

Zahlreiche Brennereien und Brauereien im Salzburger Land blicken auf eine lange Tradition zurück. Besonders leckere Mitbringsel liefern der Halleiner Guglhof und der Saalfeldener Siegfried Herzog mit ihren erlesenen Schnäpsen. Wenn Sie schon im Pinzgau sind, schauen Sie doch beim Pinzgau Bräu vorbei: Dort wird regionales Bier gebraut und mit großem Erfolg verkauft. Noch edler wird es am Mandlberggut im Pongau: Dort wird Salzburger Whisky erzeugt. Im Flachgau kehren Sie bei der Trumer Privatbrauerei ein: In Obertrum wird im Familienbetrieb seit vielen Generationen schmackhaftes Pils und Co. gebraut. Eine Führung zeigt, wie der Gerstensaft produziert wird.

BIOPRODUKTE

Salzburgs Bauern produzieren seit vielen Jahren unter biologischen Gesichtspunkten, sehr viele verkaufen ihre Produkte frisch vom Hof oder auf Bauernmärkten, die meist samstags abgehalten werden. Von selbst gemachten Säften und Marmeladen über handgeschöpften Rohmilchkäse bis zu würzigem Brot und Speck ist alles zu haben, was der Hof hergibt. Auf Höfen mit Schafen gibt es auch Wollprodukte. Ein Markt findet (Mo–Sa) auf dem *Grünmarkt* (U C4) (🗺 *c4*) am Salzburger Universitätsplatz und am Donnerstagvormittag auf der *Schranne* (U C3) (🗺 *c3*) am Mirabellplatz statt, einen Biomarkt können Sie freitags auf dem Kajetanerplatz besuchen.

Junges Design, Mode und Mozartkugeln, köstlicher Käse vom Biobauern, feine Spirituosen – und eine hippe Tracht

MOZARTKUGELN UND MEHR

Zum Besuch der Mozartstadt gehört eine Mozartkugel. Sie besteht aus einem Pistazienmarzipankern, umhüllt von einer dicken Nougatschicht, die dünn mit Schokolade überzogen ist. Die industriell gefertigte Variante ist in jedem Supermarkt zu haben. Wer es exklusiver schätzt, geht in die Konditoreien *Fürst* (U C4) (🗺 c4) *(am Alten Markt)* oder *Schatz* (U C4) (🗺 c4) *(in einem der Durchhäuser zwischen Universitätsplatz und Getreidegasse)* und fragt nach der 1890 von Paul Fürst erfundenen „Originalfassung", die in silbernem Stanniol mit blauem Aufdruck verpackt ist. In der *Confiserie Sacher* (U C4) (🗺 c4) *(im Hotel Sacher | Schwarzstr. 5–7)* gibt es original Sachertorte zu kaufen. Die *Confiserie Berger (www.confiserie-berger.at)* in Lofer macht mit handgemachten Schokoladenkreationen von sich reden. Filialen gibt es in Saalfelden und in Salzburg *(Kaigasse 39)*. Süße Mitbringsel in Form feinster Pralinen werden auch in der *Confiserie Hochleitner* in Tamsweg und in der Halleiner *Confiserie Braun (Unterer Markt 8 | Filiale in Salzburg: Churfürststr. 4)* hergestellt.

TRACHTENMODEN

Trachtenmoden für verschiedene Anlässe gibt es in vielen Orten. Wenn Sie an eine Maßanfertigung denken, lassen Sie sie vielleicht nach alten Vorlagen der Tracht Ihrer Lieblingsgegend ausführen. Die **INSIDER TIPP** *Stoffdruckerei Sekyra (Parkgasse 153)* in Bad Aussee fertigt Handdrucke, auch auf Seide und Leder, mit traditionellen Stempeln („Modeln") an. Dirndlkleider nach Maß gibt es in Salzburg bei *Hanna-Trachten (Platzl 4)* in Lieblingsfarben, die die Kundin selbst wählen kann. Über eine große Auswahl verfügt auch *H. Moser (Bachstr. 34 | www.moser-bekleidung.at)* – in dem günstigen Outletverkauf lässt sich das eine oder andere Schnäppchen machen.

STADT SALZBURG

KARTE IM HINTEREN UMSCHLAG (135 D–E 3–4) (G2–3) **Kopfsteinpflaster, mittelalterliche Gassen und der beeindruckende Blick auf die Festung Hohensalzburg: Salzburg vereint die Welt von gestern mit einem lebenswerten Ort für (junge) Bewohner. Die Altstadt ist nicht nur Ziel vieler Gäste, sondern auch ein beliebter Treffpunkt von Locals: die Getreidegasse mit ihren vielen Läden, die Salzach mit den gemütlichen Ufern zum Sitzen und Entspannen, die Stadtberge, die in nur wenigen Minuten vom Zentrum aus erreichbar sind.**

Neben seiner hohen Lebensqualität ist die Mozartstadt ein kultureller Hotspot: Da sind die Festspiele im Sommer – die kostenlosen ● INSIDER TIPP Siemens-Festspiele: Festspielproduktionen gratis auf der Großleinwand am *Kapitelplatz (www.siemens.at/festspielnaechte/de/)*, eingeschlossen. Und da ist das Winterfest mit seiner ausgefallenen Zirkuskunst in der kalten Jahreszeit. Dazwischen musizieren Musikstudenten überall in der Stadt und geben INSIDER TIPP kostengünstige, aber herausragende Konzerte *(www.uni-mozarteum.at)* für Insider. Junge Salzburger sitzen auf den Stufen der Konzerthäuser im Festspielbezirk, essen Frozen Jogurt und verbringen ihre Abende mit Freunden am Rudolfskai und in der Gstättengasse. Wenn Sie durch die Stadt spazieren, fühlen Sie es schnell: Das urbane Selbstverständnis ist nicht jenes einer Kleinstadt, oft fühlen sich die Salzburger sogar als Mittelpunkt der Welt

Bild: Blick auf Salzburg und die Festung Hohensalzburg

Mozart und The Sound of Music, Festspiele mit dem Jedermann, Kopfsteinpflaster und Arkaden

CITY **WOHIN ZUERST?**
Vom **Ferdinand-Hanusch-Platz (U C4)** ***(🗺 c4)*** sind Sehenswürdigkeiten wie Mozarts Geburtshaus, das Salzburg Museum und die Festung Hohensalzburg gut zu erreichen. Parken: in den Altstadtgaragen oder auf einem der P+R-Parkplätze außerhalb, dann mit öffentlichen Verkehrsmitteln (s. S. 130) ins Zentrum.

– trotz der bescheidenen Einwohnerzahl von 150 000 Personen. Besonders schön: die Durchhäuser, also Durchgänge, die die Getreidegasse mit der Griesgasse verbinden. Diese Arkaden geben Einblicke in alte Bauweisen und beherbergen kleine Shops und Cafés.

SEHENSWERTES

DOM (U C–D4) *(🗺 c–d4)*
Bei Ihrem Besuch führt am Dom kein Weg vorbei, denn er bildet das Zentrum

Auch ein Blick nach oben lohnt sich: Kuppel des Doms

der historischen Altstadt. Vor der barocken Fassade finden jeden Sommer die Aufführungen des Festspielklassikers „Jedermann" statt – was den Dom zu Österreichs berühmtestem Bühnenbild macht. Im Inneren der Kirche ist vor allem die moderne Installation „Vanitas" des Künstlers Christian Boltanski sehenswert. So viel Mut zur Moderne findet man selten in einer Kirche. Achtung: Orgelempore und Dombogenterrasse sind nur beim Gang durch das *Domquartier* (s. unten) zu besichtigen. *Jan./Feb./Nov. Mo–Sa 8–17, So 13–17 Uhr, März/April/Okt./Dez. Mo–Sa 8–18, So 13–18 Uhr, Mai–Sept. Mo–Sa 8–19, So 13–19 Uhr | Gratisführungen Juli/Aug. Mo–Fr 14 Uhr und im Advent Mo/Mi/Fr 17.45 Uhr | Treffpunkt Domvorhalle*

DOMQUARTIER SALZBURG ★

(U C–D 4–5) (*🕮 c–d 4–5*)

Bei einem Spaziergang durch das Domquartier können schon einmal die Beine zu schmerzen beginnen – schließlich handelt es sich nicht um ein klassisches Museum, sondern um einen Rundgang durch den Palastkomplex der Salzburger Fürsterzbischöfe. Insgesamt fünf Museen haben sich zusammengetan, um den Marathon durch die Gemächer und Prunkräume zu ermöglichen. Kunstfans können sich hier gut und gerne zwei Tage lang die Zeit vertreiben. Sie haben weniger Enthusiasmus? Dann beschränken Sie sich auf die absoluten Highlights: Das Rembrandt-Gemälde der betenden alten Frau in der Residenzgalerie, den phantastischen Ausblick von der Empore der größten Orgel im Dom und die fürsterzbischöfliche Kunst- und Wunderkammer, in der Sie sogar das Horn eines Einhorns bestaunen können. Sie glauben doch an Einhörner, oder? *Mi–Mo 10–17 Uhr, Juli/Aug. tgl. | Eintritt inkl. Audioguide 12 Euro | Residenzplatz 1 | Weiterer Eingang: Domplatz 1a | www.domquartier.at*

FESTSPIELHÄUSER (U C4) (*🕮 c4*)

Im Juli und August herrscht Ausnahmezustand im Festspielbezirk. Politiker und CEOs schlüpfen aus schwarzen Limousinen, während Fotografen auf Schnappschüsse von Stars und Sternchen lauern.

Dabei ist Eile angesagt, denn sobald die Premierenglocke läutet, verschwindet die Gesellschaft in Windeseile im Inneren der Festpielhäuser. Was für ein Theater! Bei einer INSIDER TIPP Führung können Sie hinter die Kulissen blicken und jede Menge Wissenswertes über Österreichs wichtigstes Kunstfestival erfahren. *Führung tgl. 14 Uhr, Karten 15 Min. vor Beginn im Festspielshop | Führung 7 Euro | Hofstallgasse 1 | www.salzburgerfestspiele.at*

FESTUNG HOHENSALZBURG ★ (U D5) (*c d5*)

Weil die Fürsterzbischöfe sich geschickt aus allen großen Konflikten heraushielten, wurde Salzburgs Wahrzeichen im Laufe seiner fast 1000-jährigen Geschichte nie zerstört und thront noch heute erhaben über der Stadt. Sehenswert ist die Festung Hohensalzburg nicht nur wegen des traumhaften Panoramas. Die unlängst restaurierten Fürstenzimmer sind Europas einziges bis heute erhaltenes gotisches Fürstengemach. Sie beweisen, wie prächtig man bereits im Mittelalter hauste. Hinauf gelangen Sie entweder mit der Festungsbahn oder zu Fuß. Tipp: Wer die Tickets online kauft, spart Zeit und Geld! *Tgl., Jan.–April, Okt.–Dez. 9.30–17 Uhr, Ostern und Adventswochenenden 9.30–18 Uhr, Mai–Sept. 9–19 Uhr | Eintritt mit Bahn und Fürstenzimmern: 15,50 Euro | www.salzburg-burgen.at*

INSIDER TIPP FRIEDHOF SANKT SEBASTIAN (U C–D3) (*c–d3*)

Wer für einen Moment dem hektischen Salzburger Alltag entfliehen will, der ist auf dem gut versteckten Sebastiansfriedhof richtig. An diesem verwunschenen Ort können Sie mitten in der Altstadt herrlich entspannen. Aber auch fürs Sightseeing können Sie vorbeischauen, denn am Sebastiansfriedhof liegt Salzburgs Schickeria von anno dazumal begraben: beispielsweise Mozarts Ehefrau Constanze oder der berühmte Alchemist Paracelsus. Von ihm stammt übrigens der berühmte Spruch „Die Dosis macht das Gift". *Tgl. 9–18 Uhr bzw. bis zum Einbruch der Dunkelheit*

GETREIDEGASSE (U C4) (*c4*)

Dieser Touristenauflauf kann einem schon mal den Spaß verderben: Durch Salzburgs berühmteste Einkaufsstraße schieben sich übers Jahr tausende Tagesgäste und Busgruppen. Am schlimmsten geht es vor dem Geburtshaus des Lokalmatadors W. A. Mozart zu (Hausnr. 9). Wer die Gasse in Ruhe bewundern will,

MARCO POLO HIGHLIGHTS

★ Domquartier Salzburg
Die Museumshighlights in einem Rundgang → S. 34

★ Festung Hohensalzburg
Imposante Demonstration der Macht, 119 m über der Stadt thronend → S. 35

★ Kollegienkirche
Einer der schönsten Spielorte der Festspiele → S. 36

★ Mozarts Geburtshaus
Das Haus, in dem das weltberühmte Musikgenie geboren wurde → S. 36

★ Salzburg Museum
Neues Landesmuseum in altem Gemäuer – und in modernster Architektur gestaltet → S. 37

★ Zoo Salzburg
Die mehr als 140 Tierarten können Sie im Sommer sogar nachts besuchen → S. 39

kommt besser ganz früh oder ganz spät am Abend und schlägt dem Massentourismus ein Schnippchen. Besonders sehenswert sind die uralten Zunftzeichen über den Eingängen der Geschäfte und die mittelalterlichen Passagen, die links und rechts von der Getreidegasse abzweigen.

HAUS DER NATUR ● (U C4) (🗺 c4)

Das Naturkundemuseum ist mit 7000 m^2 Ausstellungsfläche das größte Museum der Stadt. Neben Aquarium, Reptilienzoo und Weltraumhalle behandelt das interaktive „Science Center" spannende Themen aus Technik und Naturwissenschaft. Nach dem Besuch entspannt's sich gut auf der Terrasse des *Stadtcafés*. *Tgl. 9–17 Uhr | Eintritt 8,50 Euro | Museumsplatz 5 | www.hausdernatur.at*

Besuchermagnet: Getreidegasse

KOLLEGIENKIRCHE ★ (U C4) (🗺 c4)

Die Universitätskirche wurde von Fürsterzbischof Paris von Lodron geplant, vom Barockbaumeister Johann Bernhard Fischer von Erlach umgesetzt und 1707 eingeweiht. Mäzene ermöglichten die Renovierung der Barockkirche, neben dem Salzburger Dom der bedeutendste Kirchenbau in Salzburg. Die generalsanierte Kirche ist Spielort der Salzburger Festspiele. *Tgl. bis zur Dämmerung | Universitätsplatz 20 | www.kollegienkirche.at*

MOZARTS GEBURTSHAUS ★ (U C4) (🗺 c4)

Dreh- und Angelpunkt jedes Salzburgbesuchs ist das Haus in der Getreidegasse 9, in dem Wolfgang Amadeus Mozart am 27. Januar 1756 geboren wurde. Hier erfahren Sie Details aus dem Leben des Genies: über Kindheit, Freunde, Gönner, Familie und seine Leidenschaften. Zu sehen gibt es Mozarts Kindergeige und sein Clavichord sowie Möbel, Gemälde und Handschriften. *Sept.–Juni tgl. 9–17.30 Uhr, Juli/Aug. 8.30–19 Uhr | Eintritt 11 Euro, Kombiticket mit Mozart-Wohnhaus 18 Euro*

MOZART-WOHNHAUS (U C3) (🗺 c3)

1773 zog die Familie Mozart auf die rechte Salzachseite in das Haus am Makartplatz Nr. 8. Das während des Zweiten Weltkriegs zerstörte Gebäude wurde in den 1990er-Jahren rekonstruiert. Es gibt historische Konzerte im Tanzmeistersaal sowie eine Sammlung von Mozarts Briefen. Film- und Tonaufnahmen können kostenlos angesehen und gehört werden. *Sept.–Juni tgl. 9–17.30 Uhr, Juli/Aug.*

8.30–19 Uhr | Eintritt 11 Euro, Kombiticket mit Mozarts Geburtshaus 18 Euro

MUSEUM DER MODERNE MÖNCHSBERG (U B4) (b4)

Eigentlich sollte am Mönchsberg heute eine Filiale des weltberühmten Guggenheimmuseums stehen. Doch Salzburg war sich zu fein für Guggenheim und lehnte das visionäre Bauvorhaben ab. Deshalb bewundert die Welt Guggenheims Schätze heute in Bilbao. Machen Sie sich nichts draus: Mit dem 2004 eröffneten Museum der Moderne hat die Stadt einen würdevollen Ersatz bekommen. Nicht nur wegen seiner Kunstobjekte ist das Museum einen Besuch wert, sondern auch wegen des traumhaften Panoramablicks über die Stadt. Wer es eilig hat, fährt mit dem Aufzug hoch, alle anderen gehen zu Fuß und genießen den Spaziergang über Salzburgs bewaldetes Dachgeschoss. *Di, Do–So 10–18, Mi 10–20 Uhr, während der Oster- und Salzburger Festspiele auch Mo 10–18 Uhr | Gratisführung Mi 18.30 Uhr | Eintritt 8 Euro | Zugang über Lift vom Anton-Neumayr-Platz aus (2,40 Euro) | www.museumdermoderne.at*

MUSEUM DER MODERNE RUPERTINUM (U C4) (c4)

Im ehemaligen Seminar für Priesterzöglinge, in dem Salzburgs Museum für moderne Kunst erstmals eingerichtet wurde, sind neben Sonderausstellungen Zeichnungen und Druckgrafiken u. a. von Gustav Klimt und Oskar Kokoschka sowie österreichische Plastik nach 1945 zu sehen. Integriert ist die Österreichische Fotogalerie mit 15 000 Werken hauptsächlich aus der Zeit nach 1945. *Di, Do–So 10–18, Mi 10–20 Uhr, während der Oster- und Salzburger Festspiele auch Mo 10–18 Uhr | Eintritt 6 Euro | Wiener-Philharmoniker-Gasse 9 | www.museumdermoderne.at*

PFERDESCHWEMMEN

Immer diese Statussymbole! Was heute Yacht oder Sportwagen sind, war den Reichen und Schönen des 17. Jhs. das Pferd. Und weil man schon damals gerne zeigte, was man hat, wurden die edlen Rösser der Erzbischöfe in prunkvollen Pferdeschwemmen gewaschen, während das einfache Volk im Dreck versank. Zwei der historischen Waschanlagen können Sie in Salzburgs Altstadt noch heute bewundern. Eine befindet sich am Herbert von Karajan Platz (U C4) (c4), die andere am Kapitelplatz (U C–D5) (c–d5).

SALZBURG MUSEUM ★ (U D4) (d4)

Was hat ein Vulkanausbruch in Indonesien mit dem Appetit der Salzburger auf Kartoffeln zu tun? Und warum hielt es Bertolt Brecht in Salzburg nicht lange aus? Fragen wie diese beantwortet die spannende Dauerausstellung „Erzähl mir Salzburg", die noch bis 2019 zu sehen ist. Ein Highlight für sich ist das *Panorama-Museum (Residenzplatz 9)* mit dem von Johann Michael Sattler geschaffenen 360-Grad-Gemälde von Salzburg, mit dem sein Besitzer schon im 19. Jh. die Jahrmärkte Europas begeisterte. Es ist 125 m² groß und hat einen Umfang von 26 m. Fernrohre auf der Besucherplattform erleichtern die Detailsicht. *Di–So 9–17 u. Do 18 Uhr Abendführung | Eintritt Salzburg Museum 8,50 Euro, Panorama-Museum 4 Euro, Kombiticket 10 Euro | Mozartplatz 1 | www.salzburgmuseum.at*

SANKT PETER (U C5) (c5)

Das Spannendste am Kloster St. Peter ist sein Friedhof, einer der romantischsten Orte der Stadt: Direkt an der mächtigen Felswand des Mönchsberges schmiegen sich die uralten Grabsteine aneinander. Auch kulturgeschichtlich ist der Friedhof von Bedeutung: Er ist Teil des ältesten noch bestehenden Klosters in ganz Europa, aus dessen Äbten sich lange Zeit die mächtigen Fürsterzbischöfe rekrutierten. Hunderte prominente Salzburger aus allen Epochen liegen hier begraben. In der winzigen INSIDER TIPP Stiftsbäckerei *(Mo/Di/Do/Fr 7–17, Sa 7–13 Uhr)* neben dem Mühlrad wird noch immer gebacken wie anno dazumal. Das Schwarzbrot aus Natursauerteig schmeckt nicht nur köstlich, es bleibt auch tagelang frisch. *Friedhof tgl. April–Sept. 6.30–20, Okt.–März 6.30–18 Uhr*

SCHLOSS MIRABELL ● (U C3) *(c3)*

Von wegen Zölibat – Salzburgs Fürsterzbischöfe hielten wenig vom Leben in Keuschheit. Ganz besonders bunt trieb es Wolf Dietrich von Reichenau, der mit seiner Lebensgefährtin Salome Alt 15 Kinder zeugte. Als Liebesbeweis baute er ihr Anfang des 17. Jhs. das Schloss Mirabell und den dazugehörigen *Barockgarten*. Heute residieren im Schloss Mirabell der Bürgermeister und die Stadtverwaltung. Aber noch immer spielt die Liebe eine große Rolle: Der sogenannte Marmorsaal gilt als schönster Trauungssaal der Welt. Im Sommer finden hier Hochzeiten im Halbstundentakt statt. *Tgl. 8–18 Uhr, Mirabellgarten 6 Uhr bis zum Einbruch der Dunkelheit | Eintritt frei.*

STEFAN ZWEIG CENTRE SALZBURG

(U B–C4) *(b–c4)*

Im Zentrum für Literatur, Kunst und Wissenschaft in der Edmundsburg erfährt man alles über das Leben des Schriftstellers Stefan Zweig, über seine Werke und Themen aus dem kulturhistorischen Kosmos. Der gebürtige Wiener lebte von 1919 bis zu seiner Emigration 1934 in Salzburg. *Mo, Mi–Fr 14–16 Uhr | Eintritt 4 Euro | Mönchsberg 2 | www.stefan-zweig-centre-salzburg.at*

STIFT NONNBERG (U D5) *(d5)*

Ein Spaziergang zum Stift Nonnberg lohnt sich vor allem wegen des traumhaften Ausblicks über Salzburg. Vor dem ältesten Frauenkloster im deutschsprachigen Raum spielen sich im Sommer eigenartige Szenen ab: Während Touristen aus Übersee den Originaldrehort des Films „The Sound of Music" belagern, schütteln die schweigsamen Nonnen nur den Kopf. *Tgl. 7 Uhr bis zur Dunkelheit, Sommer 7–19 Uhr, selten Führungen | Tel. 0662 84 16 07 | Nonnberggasse 2*

INSIDER TIPP STIFTSARMSTOLLEN

(U C5) *(c5)*

Nichts für Angsthasen: Wenn im September das Wasser des Almkanals ausgelassen wird, können Sie bei Führungen Europas ältesten Trinkwasserstollen zu Fuß durchqueren. Aber bitte nur, wenn Sie nicht unter Klaustrophobie leiden. Das uralte Höhlensystem ist an mehreren Stellen nicht höher als 1,4 m und definitiv nicht für Wohlfühltouristen ausgelegt. *Führungen Sept. tgl. ab 9 Uhr | Führung (ca. 1 Std.) 9 Euro | Brunnhausgasse/Schleusenhaus | Anmeldung empfohlen: Tel. 0699 13 79 03 10 | www.almkanal.at/stiftsarmstollen.html*

INSIDER TIPP TRAKLHAUS AM WAAGPLATZ (U D4) *(d4)*

Gedichte, Koks, Geschwisterliebe: Die Vita des viel zu jung verstorbenen Lyrikers Georg Trakl liest sich wie die Biographie eines Rockstars. Im Elternhaus am Waagplatz erfahren Sie – anhand von Möbeln der Familie, Briefen, Schulzeugnissen, Fotos und anderen Dokumenten – allerlei Wissenswertes über den Expressionisten und sein kurzes Leben. *Nur im Rahmen von Führungen zugänglich (Mo–Fr 14 Uhr) | Eintritt 5 Euro | Waagplatz 1a | www.kulturvereinigung.com*

Bleibt auch angesichts Touristen gelassen: Bewohner des Salzburger Zoos

ZOO SALZBURG ★ (135 D4) (🗺 G3)
140 heimische und exotische Tierarten – vom Alpensteinbock über den Goldkopflöwenaffen bis zur Zebramanguste – leben auf dem rund 14 000 m² großen Gelände am Hellbrunner Berg. Beeindruckend sind die frei fliegenden Gänsegeier. Ein besonderes Highlight ist der Nachtzoo im August: Fr u. Sa bis 22.30, Einlass bis 21 Uhr. *März 9–17.30, April/Mai/Sept./Okt. 9–18 Uhr, Juni–Aug. 9–18.30 Uhr, Nov.–Febr. 9–16.30 Uhr | Eintritt 11,50 Euro | Anifer Landesstr. 1 | www.salzburg-zoo.at*

ESSEN & TRINKEN

220 GRAD ● (U D4) (🗺 d4)
Hier wird Kaffee zelebriert, veredelt und vollendet, eigene Rösterei, herrlich zum Frühstücken im geistigen und künstlerischen Viertel der Stadt. Und: extrem gute Kuchen – gefüllt mit saisonalen Leckerheiten! *Di–Fr 9–19, Sa 9–18 Uhr | Chiemseegasse 5 | Tel. 0662 82 78 81 | www.220grad.com*

AFRO CAFÉ (U C4) (🗺 c4)
„Africa goes pop" war wohl das Motto der Gestaltung. Die Gerichte, moderne internationale Küche, kommen peppig gewürzt auf den Tisch. Außerdem gibt es eigene Röstungen von Kaffee aus fairem Handel. *Mo–Do 9–23, Fr/Sa 9–24 Uhr | Bürgerspitalplatz 5 | Tel. 0662 84 48 88 | www.afrocafe.at* | €

AUGUSTINER BRÄUSTÜBL (U B3) (🗺 b3)
Im ● Garten gibt es Augustiner-Bier und zünftige Jaus'n. Auch mitgebrachte Speisen dürfen verzehrt werden. *Mo–Fr 15–23, Sa/So 14.30–23 Uhr | Lindhofstr. 7 | Tel. 0662 43 12 46* | €

CARPE DIEM – LOUNGE-CAFÉ (O) (🗺 O)
Der architektonisch außergewöhnliche *Hangar 7* mit Wechselausstellungen von Red-Bull-Chef Dietrich Mateschitz kann kostenlos besichtigt werden. Dort in der Carpe Diem Lounge kann man köstlich frühstücken. *Tgl. 9–11.30 Uhr | Wilhelm-*

Der Name ist Programm: ein Weißbier im Biergarten Die Weisse. Na dann: Prost!

Spazier-Str. 7a | Tel. 0662 21 97 0 | www.hangar-7.com | €–€€

THE GREEN GARDEN (U D5) (*d5*)
Salzburgs kleines und feines erstes vegetarisch-veganes Restaurant im Nonntal. *Di–Sa 12–15 u. 17.30–22 Uhr | Nonntaler Hauptstr. 16 | Tel. 0662 84 12 01 | www.thegreengarden.at |* €

ESSZIMMER (U B3) (*b3*)
Andreas Kaiblinger und sein Team zaubern den Gästen im Esszimmer raffinierte Menüs – alle paar Wochen gibt es neue auf der Speisekarte. Drei Hauben und einen Michelinstern gab es zur Belohnung – trotzdem steht mittags ein Drei-Gänge-Menü für nur 42 Euro auf der Karte. *Di–Sa 12–14 u. 18.30–21.30 Uhr | Müllner Hauptstr. 33 | Tel. 0662 87 08 99 | www.esszimmer.com |* €€€

IMLAUER (U C2) (*c2*)
Sky Bar und Restaurant bieten großartige 180-Grad-Ausblicke über die Altstadt und eine Riesenauswahl an Cocktails. *Tgl. ab 9 Uhr | Rainerstr. 6 | Tel. 0662 88 97 86 66 | www.imlauer.com |* €–€€

INSIDER TIPP **KAFFEE ALCHEMIE**
(U D4) (*d4*)
Modern. Ein skandinavischer Barista zeigt, was alles in einer Kaffeebohne steckt. *Mo–Fr 7.30–18, Sa/So 10–18 Uhr | Rudolfskai 38 | Tel. 0681 20 17 31 43 | www.kaffee-alchemie.at*

KAFFEEHÄUSER
Kaffee? Gibt's viel in Salzburg: im Sommer auf Terrassen und in Schanigärten – auf dem Gehweg oder in der Fußgängerzone –, im Winter in hübsch altmodischen Salons. Klassische österreichische Kaffeehäuser im alten Stil – und entsprechend von Touristen in Beschlag genommen – sind das *Bazar* (U C4) (*c4*) *(Mo–Sa 7.30–19.30, So 9–18 Uhr | Schwarzstr. 3 | Tel. 0662 87 42 78 | www.cafe-bazar.at)* und das *Tomaselli* (U C4) (*c4*) *(Mo–Sa 7–19, So ab 8 Uhr | Alter Markt 9 | Tel. 0662 84 44 88 0 | www.tomaselli.at)*. Letzteres mag manchen etwas spießig erscheinen, ist aber absolut sehenswert. Mitten im altehrwürdigen Saal laufen Kuchenfrauen mit Mehlspeisenwagen durch das älteste „Wiener Kaffeehaus" Österreichs.

LUDWIG (U C3) (*c3*)
Burger essen in elegantem Ambiente? Ab ins Ludwig! Im hippen Bruderhof gibt es Burgerspezialitäten, Superfood und selbst gemachte Limonaden. *Di–Fr 11–22, Sa/So 9–22 Uhr | Linzer Gasse 39/Bruderhof | Tel. 0662 87 25 00 |* €

TRIANGEL (U C4) (*c4*)
Die gehobene regionale Hausmannskost aus nachhaltigen, fair gehandelten Produkten ist bei Schauspielern, Einheimischen und Gästen beliebt. Plätze im Freien sind während der Festspielzeit Mangelware, doch Wirt Franz Gensbichler findet immer noch ein freies Platzerl. *Di–Sa 12–24 Uhr | Wiener Philharmonikergasse 7 | Tel. 0662 84 22 29 | www.triangel-salzburg.co.at |* €–€€

DIE WEISSE (U D2) (*d2*)
Selbst gebrautes Weißbier genießt man hier im lauschigen Garten. *Mo–Sa 10–02 Uhr | Rupertgasse 10 | Tel. 0662 87 22 46 | www.dieweisse.at |* €

EINKAUFEN

Dank einem neuen Salzburger Selbstverständnis verschwinden die Kreativen nicht mehr nach Wien oder Berlin, sondern eröffnen Läden in der Heimat. Vor allem im hippen Andräviertel macht sich mit Lifestylegeschäften Großstadtfeeling breit: im *Favorite Kamer (Paris-Lodron-Str. 12/1)*, im *Stoffamt (Wolf-Dietrich-Str. 23)* und im *Ina La Vie (Ernest-Thun-Str. 12)*. Ein Hauch Skandinavien weht im *Beiwerk (Neutorstraße 16)*. Ein Besuch bei *Jetlag (Herrengasse 28A)* zahlt sich doppelt aus: In dem Vintagelokal kaufen Sie ausgefallene Möbel, nachdem Sie im Laden bei einer Tasse Cappuccino Probe gesessen haben. Das *Möblich (Vogelweiderstr. 83)* befindet sich in einem verborgenen Dachboden und beherbergt wunderbaren Schnickschnack für Wohnzimmer, Küche und Co. Übrigens: Nachdem Dirndl und Lederhose lange Zeit aus den Schränken der Jungen verbannt war, ist Tracht – in Kombi mit Chucks und lässigen Hemden! – wieder salonfähig. Vor allem, wenn die Modelle von *ploom (Ursulinenplatz 5)* stammen: Der kleine Shop hat spannende Schnitte und verrückte Kombis. Aus dem Pinzgau kommen die Kreationen von *Mirabell Plummer (Wiener-Philharmoniker-Gasse 1)*: extravagante Schnitte mit Wiedererkennungswert.

AM ABEND

Die Ausgehszene Salzburg teilt sich nach dem Alter ihrer Besucher. Am Ru-

LOW BUDG€T

Ecosuite Hotel **(0) (0)** *(44 Zi. | Adolf-Kolping-Str. 12 | Tel. 0662 4 66 15 12 | www.ecosuitehotel.at):* sehr gutes Preis-Leistungs-Verhältnis für ein Ökohotel; an der Salzach.

Pasta e Vino **(U C3) (c3)** *(Tgl. | Wolf-Dietrich-Str. 31 | Tel. 0662 87 34 87 | www.pastaevinosalzburg.at):* echte italienische Küche, gemütliches Lokal, immer gute Stimmung, kleine Karte, alles frisch zubereitet.

Pauli Stubm **(U D5) (d5)** *(Mo–Sa ab 18 Uhr | Herrengasse 16 | Tel. 0664 4 33 32 03 | Tel. 0662 84 32 20 | www.paul-stube.at):* So bunt gemischt wie das Publikum ist auch die Küche: von traditionell bis experimentell. Toller Terrassengarten und Studentenpreise.

dolfskai entlang der Salzach und in der Gstättengasse feiern jüngere Partymacher. Gediegener geht es im Innenhof des Sternbräus zu. Dort befindet sich unter anderem das *Little Grain (Getreidegasse 34)*, eine kleine, aber herausragende Cocktailbar. Wer nicht weiß, was er ordern soll, fragt den Bartender: Der ist Kenner seines Fachs und findet garantiert den passenden Drink. Zum Tanzen geht es wenige Meter weiter in den Club *Half Moon (Gstättengasse 4–6)*, von Salzburgern liebevoll „Haferl" genannt. Hier feiert man mit Partywütigen aller Altersklassen. Es soll ein wenig ruhiger sein? Dann ab zum *Alchimiste Belge (Bergstr. 10)* oder in die dazugehörige *Beffabar (Bergstr. 13)*: In den belgischen Bierbars sind die Getränkekarten lang und die Gesellschaft ist angenehm. Im *Stroblstüberl (Rainerstr. 1)* gibt es INSIDER TIPP sensationelles Essen zu fast jeder Tages- und Nachtzeit.

ÜBERNACHTEN

ARTHOTEL BLAUE GANS (U C4) *(c4)*
Trendiges Arthotel in einem der ältesten Wirtshäuser der Stadt im Herzen Salzburgs. Die Zimmer sind alle individuell und modern gestaltet. *37 Zi. | Getreidegasse 41–43 | Tel. 0662 842491 | www.hotel-blaue-gans-salzburg.at* | €€€

BOUTIQUEHOTEL AM DOM
(U C4) *(c4)*
Renoviertes Designhotel im Zentrum der Altstadt: charmantes 800 Jahre altes Haus mit komfortabler, moderner Ausstattung. *15 Zi. | Goldgasse 17 | Tel. 0662 842765 | www.hotelamdom.at* | €€€

JOHANNESSCHLÖSSL (U B4) *(b4)*
Wer der Festspielhektik entfliehen und trotzdem in der Stadt wohnen möchte, für den bietet sich das sanierte Gästehaus der christlichen Vereinigung der Pallottiner auf dem Mönchsberg an. *52 Zi. (auch 3-Bett-Zi.) | Mönchsberg 24 | Zufahrt über Mülln | Tel. 0662 8465430 | www.johannes-schloessl.at* | €

MOTEL ONE MIRABELL (U B2) *(b2)*
Direkt an der Salzach, unweit des Stadtzentrums, Hotel mit modernem Design und hervorragender Anbindung an den öffentlichen Verkehr. *119 Zi. | Elisabethkai 58 | Tel. 0662 885200 | www.motel-one.com/de/hotels/salzburg/hotel-salzburg-mirabell/* | €€

INSIDER TIPP **SCHLOSS LEOPOLDSKRON**
(O) *(O)*
Idyllisch am Weiher mit Blick auf den Untersberg gelegen und verführerisch ausgestattet, lädt das Hotel im rund 270 Jahre alten Schloss zu einem romantischen Wochenende zu zweit geradezu ein. *11 Suiten und 55 Zi. | Leopoldskronstr. 56–58 | Tel. 0662 839830 | www.schloss-leopoldskron.com* | €€–€€€

DIE STADTALM (U B4) *(b4)*
Der Mönchsberg ist nicht nur der perfekte Ort für eine Auszeit mitten in der Stadt, sondern auch der Sitz der Stadtalm: ein uriges Wirtshaus, das in die Überreste der mittelalterlichen Festungsmauern gebaut wurde und einen atemberaubenden Blick über die ganze Stadt bietet. Auch auf dem Menü: einige Zimmer für alle, die mit Panoramablick in den Tag starten wollen. *5 Zi. | Mönchsberg 19c | Tel. 0662 841729 | www.stadtalm.at* | €

YOHO HOSTEL (U D2) *(d2)*
Die Jugendherberge in Bahnhofsnähe ist unkompliziert. Kostenloses WLAN, Waschsalon, Gästeküche, Frühstücksbuffet für 3,50 Euro. *186 Betten | Paracelsusstr. 9 | Tel. 0662 879649 | www.yoho.at* | €

AUSKUNFT

TOURISTEN INFORMATION SALZBURG

(U B3) (🕮 b3)
Mozartplatz 5 | Tel. 0662 88 98 73 30 | www.salzburg.info

ZIELE IN DER UMGEBUNG

LUSTSCHLOSS HELLBRUNN

(135 D4) (🕮 G3)
Das Schloss Hellbrunn war einst die Sommerresidenz der Erzbischhöfe, heute ist es ein beliebtes Ausflugsziel und Naherholungsgebiet für die Salzburger. Erbaut wurde Hellbrunn vom italienischen Architekten Santino Solari in den Jahren 1613–1615 unter Erzbischof Markus Sittikus. Zum Schloss gehören Gärten und barocke Wasserspiele, ein 60 ha großer Park mit Fitnessparcours und Raum für zahlreiche Sportmöglichkeiten sowie einer der schönsten Spielplätze Salzburgs. Im Winter gibt es dort eine Langlaufloipe und im Sommer bringen die Wasserspiele Abkühlung. Auf dem Hellbrunner Berg kann man das Monatsschlössl, das Volkskundemuseum *(www.salzburg-museum.at/volkskundemuseum)* besichtigen. *Tgl. April/Okt. 9–16.30 Uhr, Mai/Juni, Sept. 9–17.30 Uhr, Juli/Aug. 9–18 Uhr, Juli/Aug. zusätzlich Abendführungen: 19, 20, 21 Uhr | Eintritt (für Wasserspiele mit Führung, Schloss mit Audio-Guide, Volkskundemuseum) 12,50 Euro | www.hellbrunn.at*

Am Hellbrunner Berg liegt zudem versteckt das *Hellbrunner Steintheater:* ein Naturtheater, angeblich der Spielort der Uraufführung von Claudio Monteverdis Oper „Orfeo" auf deutschem Boden.

WALLFAHRTSKIRCHE MARIA PLAIN

(135 D3) (🕮 G2)
Die 4 km nördlich vom Zentrum auf einer Anhöhe stehende Wallfahrtskirche wurde 1671–74 errichtet und von Künstlern wie Ludwig Schwanthaler und Kremser Schmidt ausgestattet. Im Zentrum steht das Gnadenbild „Maria mit dem Jesuskind", das während des Dreißigjährigen Krieges bei einem Brand unversehrt blieb. Mozart schrieb zur Erinnerung an die Krönung des Gnadenbildes 1779 die „Krönungsmesse". *Tgl. 7–19 Uhr | www.mariaplain.at*

Wasserspiele von Hellbrunn: das römische Theater

Genießer schätzen die regionalen Speisen im Garten des Gasthauses *Maria Plain (wechselnde Ruhetage, Feb. nur für Hotelgäste | Plainbergweg 41–43 | Tel. 0662 4 50 70 10 | www.mariaplain.com | €–€€)*. Das Genussdorf *Gmachl (Mo–Fr 11–24, Sa 17–24 Uhr | Dorfstr. 35 | Bergheim | Tel. 0662 4 52 12 40 | www.gmachl.at | €–€€€)* vereint ein Haubenlokal mit Gastgarten, Wirtshaus und Metzgerei. Auch eine Pension und ein Wellnesshotel sind angeschlossen.

FLACHGAU

Das Salzburger Land hat zwei Gesichter: In den südlichen Regionen Pinzgau und Pongau türmen sich mächtige Gebirge auf. Rund um die Stadt Salzburg ist die Landschaft des Flachgaus – wie der Name schon sagt – von sanften Hügeln und Seen geprägt. Liftstützen werden Sie hier vergeblich suchen, dafür erwarten Sie ein bestens ausgebautes Radnetz und endlose Gelegenheiten, um sich an Land und im Wasser auszutoben. Kurz gesagt: Der Flachgau ist ein riesengroßes Naherholungsgebiet, das vom Massentourismus mit Bettenburgen und Après-Ski-Bars bislang wohltuend verschont geblieben ist.

Die alten bäuerlichen Strukturen sind in der Region stark erhalten geblieben und tragen zu einer gelungenen Mischung aus Natur- und Kulturlandschaft bei. Mit den Seen des ★ *Trumer Seenlands* (Grabensee, Mattsee, Obertrumer See, Wallersee) und vielen anderen wie Fuschlsee, Hintersee und Wolfgangsee zählt der Flachgau zum beliebten Ausflugsziel der Stadtsalzburger. Hier finden sich auch zahlreiche Radstrecken, die für kürzere und längere Radtouren geeignet sind. Der vom Kollegiatstift Mattsee und von der Benediktinerabtei Michaelbeuern seit mehr als 1000 Jahren ausgehende kulturelle Einfluss ist auch heute noch deutlich zu sehen, etwa an der Gestaltung der jeweiligen Orte: mit stattlichen Häusern, die sich um Hauptplatz und Kirche gruppieren. Höchste Erhebung ist der Untersberg mit dem Salzburger Hochthron (1853 m).

 Bild: Mattsee

Abschalten statt Après-Ski: Im Flachgau verführen sanfte Hügel, stille Seen und hübsche Orte zum Genießen und Nichtstun

ANIF

(135 D4) (🗺 G3) **Viel Grün, Berge zum Greifen nah und Salzburg in Sichtweite: Aus diesen Zutaten hat sich Anif, einer der hübschesten „Vororte" Salzburgs (4100 Ew.) entwickelt.**

Der berühmte Dirigent Herbert von Karajan wohnte lange im Ort und fand seine letzte Ruhestätte hier; ein Bronzeporträt am Friedhofseingang erinnert an ihn. In Richtung Hallein steht links das im 16. Jh. errichtete Wasserschloss Anif, es ist in Privatbesitz und nicht von innen zu besichtigen. Der Schlosspark ist nur zur Fronleichnamsprozession und beim Turmblasen am 8. Dezember öffentlich zugänglich.

ESSEN & TRINKEN

HUSARENWIRT

Uraltes, gemütliches Anifer Wirtshaus mit guter Hausmannkost. Hier treffen Sie Künstler und Einheimische. *Do–Di 11.30–*

Liebevolle Details in Salzburgs größtem Museum: Salzburger Freilichtmuseum

14.30 u. 17.30–23 Uhr | Anifer Str. 14 | Tel. 06246 723 54 | €

SCHLOSSWIRT ZU ANIF

Elegantes Biedermeierambiente, ambitionierte klassische österreichische Küche. Heimelige Terrasse. *So/Mo geschl., außer in der Festspielzeit | Salzachtalbundesstr. 7 | Tel. 06246 721 75* | €€€

FREIZEIT & SPORT

Das INSIDER TIPP *Waldbad Anif (www.waldbadanif.at)* ist beides: Bergsee und Freibad. Das eher kühle Wasser ist sehr sauber. Vom Ortszentrum erreichen Sie das Bad in 30 Minuten zu Fuß durch die Anifer Au. Im Waldbad gibt es auch einen *Kletterpark (April/Okt. Sa/So 11–17 Uhr, Mai/Juni/Sept. Fr 12–17 u. Sa/So 11–17 Uhr, Juli/Aug. tgl. 10–18 Uhr | www.kletterparkwaldbadanif.at)* für die ganze Familie. Zum Nulltarif baden Sie gleich ums Eck in der *Königsseeache* und verspeisen Ihren mitgebrachten Proviant.

ÜBERNACHTEN

FRIESACHER

Gemütliches Landhotel mit traditionellem Restaurant, Heurigem, Einkehr, einem klassischen Bierlokal, Disko und Gastgarten im Ortszentrum. *70 Zi. | Hellbrunner Str. 17 | Tel. 06246 89 77 | www.hotelfriesacher.com* | €€

AUSKUNFT

GÄSTESERVICE ANIF

Anifer Str. 10 | Tel. 06246 723 65 | www.anif.info

ZIELE IN DER UMGEBUNG

INSIDER TIPP GLASENBACHKLAMM

(135 E4) (*F3*)

In der Ortschaft Elsbethen befindet sich der Zugang zum perfekten Abkühlungsausflug an heißen Sommertagen: die Glasenbachklamm. Lernen kann man auf der Wanderung durch die Klamm auch etwas, denn entlang des Weges erzählen Schautafeln Wissenswertes rund um die faszinierenden Steinformationen.

SALZBURGER FREILICHTMUSEUM ★

(134 C4) (*F3*)

12 km südwestlich von Anif sind rund 100 Bauern- und Handwerkerhäuser, Höfe und Mühlen aus dem 16. bis 20. Jh. aufgestellt. Wer das Areal nicht zu Fuß erkunden will, nimmt den Museumszug. *April–Juni u. Sept.–Mitte Okt. Di–So 9–18 Uhr, Juli/Aug. tgl. 9–18 Uhr, Mitte Okt.–Anf. Nov. Di–So 9–17 Uhr, 26. Dez.–6. Jan. tgl. 10–16 Uhr | Eintritt*

11 Euro | Führungen nach Anm.: Tel. 0662 85 00 11-11 | Salzburger Str. 263 | Großgmain | www.freilichtmuseum.com

UNTERSBERG ★ (135 D4) (*🕮 G3*)
Der 1853 m hohe Berg ist ein Ausläufer der Berchtesgadener Alpen, die höchste Erhebung des Flachgaus und der Hausberg der Salzburger zum Wandern, Bergsteigen, Klettern, Paragliden und Skifahren. Die Seilbahn führt von Grödig Sankt Leonhard zur Bergstation Geiereck auf 1776 m Höhe. *Seilbahn jeweils zur vollen und halben Stunde Dez.–Feb. 9–16 Uhr, März–Juni 8.30–17 Uhr, Juli–Sept. 8.30–17.30 Uhr, Okt. 8.30–17 Uhr | Berg- und Talfahrt 23,50 Euro | Tel. 06246 72 47 70 | www.untersbergbahn.at*

FAISTENAU

(135 F3) (*🕮 H3*) **Die ausgedehnte Ortschaft Faistenau (3000 Ew.) liegt auf einem Hochplateau mit beeindruckendem Bergpanorama.**
Im Winter ist Faistenau ein Eldorado für Skilangläufer.

ESSEN & TRINKEN

BRAMSAU BRÄU
Selbst gebrautes naturtrübes Bier, bodenständige Hausmannskost und tolle Aussicht. Großer Kinderspielplatz. *Mo/Di geschl. | Bramsaustr. 36 | Tel. 06228 25 66 | www.bramsau-braeu.com | €–€€*

FREIZEIT & SPORT

STRUBKLAMM
Die drei- bis vierstündige Canyoningtour (nur mit Führer) ist ein Abenteuer. Es erwarten Sie Klippensprünge aus bis zu 10 m Höhe. *Treffpunkt: Gasthof Seewirt (Strubklamm 5 | Tel. 06228 26 53)*

ÜBERNACHTEN

ALTE POST
Hotel mitten im Ort mit Zimmern mit Aussicht. Hallenbad, Sauna und Wellnessoase. *40 Zi. (auch 3- u. 4-Bett-Zi.) u. 5 Ap. | Am Lindenplatz 5 | Tel. 06228 22 05 | www.altepost-faistenau.at | €€*

HINTERBAUERNGUT
Biobauernhof mit Panoramablick, in sonniger Einzellage. Ausritte und Kutschfahrten werden organisiert. *4 Zi. | Lidaunstr. 53 | Tel. 06228 26 75 | €*

AUSKUNFT

TOURISMUSVERBAND
Am Lindenplatz 1 | Tel. 06228 23 14 | www.faistenau.at

ZIEL IN DER UMGEBUNG

Am Talschluss, südöstlich von Faistenau, liegt nach 3 km malerisch der

MARCO POLO HIGHLIGHTS

★ Trumer Seenland
Traumhafte Landschaft zwischen Obertrum, Seeham und Mattsee → S. 44

★ Salzburger Freilichtmuseum
Bis zu 500 Jahre alte Häuser und Mühlen → S. 46

★ Untersberg
Zu Fuß oder per Gondel auf Salzburgs höchsten Berg → S. 47

★ Benediktinerabtei Michaelbeuern
Schönster Barock in Kirche und Kloster, mit Bibliothek und kostbarem Hochaltar → S. 52

Rund um den Fuschlsee wandern oder auf den Schober hinauf – das ist hier die Frage

INSIDER TIPP *Hintersee* (135 F4) (*H3*), der zum Baden einlädt. Nach weiteren 5,5 km erreichen Sie den gleichnamigen Ort (450 Ew.), den kleinsten im Alpenvorland – ein idealer Ausgangspunkt für Wanderungen. Im *Kunsthaus Hintersee (kunstimpuls.com)* kann man Kunstwerke anschauen und erstehen.

FUSCHL

(135 F3) (*H–J3*) **Der familienfreundliche Badeort Fuschl (1500 Ew.) liegt am Ostufer des fast unbebauten, von Hügeln und Bergen umrahmten Fuschlsees, am Eingang zum Salzkammergut.** Wandern Sie vom Ort aus auf dem Rundweg (11,8 km) um den Fuschlsee oder erklimmenn Sie den Schober (1328 m).

SEHENSWERTES

RUMING-MÜHLE

Brotbacken wie früher, in der Mühle von 1872. *Juni–Sept. Di 12 Uhr (mit Jause)*

ESSEN & TRINKEN

INSIDER TIPP BAUMGARTENGUT

An den Tischen auf der Wiese servieren die freundlichen Töchter des Wirts *a frische Jaus'n*, herrliche Kuchen und Strudl mit Zutaten aus eigener Landwirtschaft und Produktion. Das Salzburger Land mit allen Sinnen erleben! *Mo–Sa ab 14, So ab 11 Uhr | Fuschler Str. 73 | Tel. 06235 63 00 | www.baumgartengut.at |* €

BRUNNWIRT

Kleines Haubenrestaurant am See mit hübschem Garten. Ab 18 Uhr. *So/Mo geschl., außer in der Festspielzeit | Wolfgangseestr. 11 | Tel. 06226 82 36 | www.brunnwirt.at |* €€€

EDENBERGER CAFÉ AM SEE

Das Restaurant lädt ein, im Sonnenuntergang direkt am Fuschlsee zu sitzen, einen kühlen Drink zu sich zu nehmen und eine köstliche Pizza zu essen. *Di–Sa ab 17 Uhr | Seestr. 15 | Tel. 0622 6 82 20 11 | www.edenberger.at |* €€

RESTAURANT IM HOTEL SEEROSE
Das charmante Haus mit Terrasse liegt direkt am See und serviert gute mediterrane Küche. *Okt.–Juni Mo/Di geschl. | Dorfstr. 20 | Tel. 06226 82 16 | www.hotel-seerose.at | €€*

FREIZEIT & SPORT

Das glasklare Wasser des Fuschlsees hat Trinkwasserqualität, und Badespaß ist garantiert. Mieten Sie ein Ruderboot oder spazieren Sie um den See. Action verspricht die *Sommerrodelbahn (Mai–Okt. ab 10 Uhr | 5 Euro | Tel. 06226 84 52).*

ÜBERNACHTEN

BAMBICHLHOF
Sonnige Einzellage, Wanderwege und Loipe verlaufen direkt vor dem Haus. Wer möchte, kann auf dem Hof mitarbeiten, morgens wird ein Biofrühstück serviert. *4 Zi. und 1 Ap. | Bambichlweg 1 | Tel. 06226 85 64 | www.bambichlhof.at | €*

MOHRENWIRT
Das Rennrad- und Triathlonhotel mitten im Ort ist – u. a. mit gesunder Küche, Spa und Mountainbikeverleih – ideal für Radsportbegeisterte. *Tgl. | 69 Zi. | Dorfplatz 3 | Tel. 06226 82 28 | www.mohrenwirt.at | €€*

AUSKUNFT

TOURISMUSVERBAND FUSCHL AM SEE
Dorfplatz 1 | Tel. 06226 83 84 | www.fuschlseeregion.com

ZIEL IN DER UMGEBUNG

SCHLOSS FUSCHL (135 F3) *(H3)*
In der Gemeinde Hof am Fuschlsee liegt das exklusive Schloss, in dem die berühmten Sissi-Filme mit Romy Schneider gedreht wurden, ein kleines Museum erinnert noch an die Dreharbeiten 1955. Heute residieren im Hotel (€€€) mit seinen 110 Zimmern, Suiten und Seehäusern, Golfplatz und Spa Staatsoberhäupter aus der ganzen Welt. Das Schlossrestaurant (€€€) wartet mit kulinarischen Höhepunkten auf. *Schlossstr. 19 | Hof | Tel. 06229 2 25 30 | www.schlossfuschlsalzburg.com*

HENNDORF AM WALLERSEE

(135 E2) *(H2)* **Der Ort (4800 Ew.) mit viel Tradition liegt an einem der wärmsten Badeseen des Landes.**

LOW BUDG€T

Rund um den Fuschlsee stellen ansässige Bauern Badeplätze zur Verfügung, die gut mit dem Auto *(3–5 Euro/Auto)* zu erreichen sind. Seetemperaturen verrät die App *www.salzburg.gv.at/wasser-app.*

Gerhard Langmaier betreibt die INSIDER TIPP *Schlossfischerei (Mo–Fr 8–18, Sa 8–12 Uhr | Schlossstr. 19 | Tel. 06229 22 53 15 30)* am Fuschlsee. Was er nicht ins Haubenrestaurant liefert, wird geräuchert. Man kann günstig kaufen oder essen, und erfährt, warum der Saibling aus dem Fuschlsee so gut schmeckt. Eine Forelle bekommen Sie für rund 4,50–8 Euro.

Henndorf war Jahrhunderte lang eine wichtige Raststation auf dem Weg von Salzburg nach Wien. Zeuge ist das *Caspar Moser Bräu* von 1699, einer der ältesten Gasthöfe Österreichs. Mit Literaten wie Stefan Zweig, Ödön von Horvath oder Carl Zuckmayer war Henndorf literarisches Zentrum, heute ist das *Literaturhaus (www.literaturhaus-henndorf.at)* eine Begegnungsstätte für Literaturinteressierte – auch eine Bibliothek ist im Haus untergebracht.

SEHENSWERTES

GUT AIDERBICHL

Das Gut bietet kranken und misshandelten Tieren eine Zufluchtsstätte und eignet sich für einen Ausflug mit Kindern. *Tgl. 9–18 Uhr | Eintritt 9 Euro | Berg 20 | www.gut-aiderbichl.at*

ESSEN & TRINKEN

GASTHOF FISCHTAGGING

Einst Lieblingsplatz von Carl Zuckmayer; heute begeistern Gastgarten, Seeblick und die Speisekarte. 4 km von Henndorf. *Mi/Do geschl. | Fischtagging 8 | Seekirchen | Tel. 06212 2328 |* €–€€

WEYRINGER

Restaurant direkt am Wallersee mit Fusion-Küche; ausgezeichnete Fischauswahl. Wunderschöner Gastgarten. *Mi–Mo 12–14 und 18–21.30 Uhr | Fenning 7a | Tel. 0621 461872 | www.weyringer-wallersee.at |* €€–€€€

EINKAUFEN

BIOBAUERNMARKT

Auf dem Dorfplatz verkaufen die Bauern der Region einmal pro Woche Lebensmittel aus eigener Produktion und Bioanbau. *Do 15.30–18 Uhr*

FREIZEIT & SPORT

Genusspaddeln bedeutet Paddeln ohne sportlichen Ehrgeiz, nur zur Erholung. Genießen Sie die Natur auf Salzburgs Seen und Flüssen! Eine Kostprobe bekommen Sie z. B. am Wallersee, Touren und Kurse unter: *Tel. 0664 32656* und *www.genusspaddeln.at*.

EISZEITRUNDWEG

Wunderschöne Wanderrunde (lang 13 km oder kurz 7 km), bei der Sie auf Schautafeln allerhand über die Entstehung des Seenlandes während der Eiszeit lernen. Routeninfo unter *http://eiszeitrundweg.at*.

ÜBERNACHTEN

GERSBACHWIRT

Liebevoll geführtes, familiäres Landgasthaus inmitten saftig grüner Wiesen. *12 Zi. | Wiener Str. 51 | Tel. 06214 8372 | www.gersbachwirt.at |* €

LANDHAUS BRIEGER

Das Motto der Pension: „Sich wie zu Hause fühlen". Fast alle Zimmer mit Terrasse oder Balkon. *17 Zi. | Wiener Str. 60–62 | Tel. 06214 8373 | www.brieger.at |* €–€€

AUSKUNFT

SALZBURGER SEENLAND TOURISMUS GMBH

Seeweg 1 | Seeham | Tel. 06217 20220 | www.salzburger-seenland.at

ZIELE IN DER UMGEBUNG

Wer für Barockes schwärmt, kommt an der Wehranlage für die Pfarrkirche in *Neumarkt am Wallersee* (135 E–F2) (*H1*) (7 km nordöstlich) nicht vorbei. Übernachten können Sie im *See-*

hotel Winkler (tgl. 12–14 u. 18–21 Uhr | Uferstr. 33 | Tel. 06216 52700 | www.seehotel.at | €€–€€€). Das Traditionslokal der Festspielszene ist berühmt für Fisch, Schnecken und schnörkellose Küche. Alles, was der *Greischbergerhof (im Sommer tgl. | Neumarkt am Wallersee | Pfongau 7 | Tel. 06216 6053 | www.greischbergerhof.at | €–€€)* im Gastgarten unter Kastanien serviert, ist bio – sogar der selbst gebrannte Schnaps.

MATTSEE

(135 E1) *(G1)* **Der Ort (3100 Ew.) besticht durch seine Lage, eingebettet zwischen Mattsee und Obertrumer See und umrahmt von freundlichen Hügeln.** *Mattsee* ist aber nicht nur ein beliebter Badeort, sondern auch Austragungsort des Musikfestivals „Diabelli-Sommer".

SEHENSWERTES

KOLLEGIATSTIFT

Das 770 gegründete Kloster ist das älteste noch bestehende Weltpriesterstift Österreichs. Die dreischiffige Pfeilerbasilika mit romanischem Langhaus, gotischem Chor und barocker Innenausstattung wird vom Turm „Goliath des Mattiggaus" überragt. In den Kapitelsälen des Stifts und im Neuen Schloss findet der *Mattseer Diabelli-Sommer* mit der Konzertreihe „Töne & Texte" statt. Anton Diabelli, 1781 in Mattsee geboren, wurde bekannt durch Beethovens 33 Variationen über einen Walzer von Diabelli. Seit 1150 besitzt das Stift Mattsee offiziell einen Weingarten in der Wachau. Im *Weinkeller Stift Mattsee (Do–Sa 10–12, Fr 16–18, Juni–Aug. auch Mi 10–12 Uhr | Tassiloweg 4 | www.stiftmattsee.at)* gibt es neben dem Verkauf von Biowein auch Weinverkostungen.

SCHLOSSBERG

Die ursprüngliche Anlage aus dem 12. Jh. verfiel im 18. Jh. Auf den Gebäuderesten wurde das *Neue Schloss Mattsee (www.schloss-mattsee.at)* als Veranstaltungsort errichtet. Von hier aus genießen Sie einen wunderbaren Rundumblick.

Die Bronzeplastik vor der Stiftskirche in Mattsee zeigt Bayernherzog Tassilo III.

Im *Schlosscafé (8.30–18.30 Uhr, Mai–Sept. Do–Di, Juni–Aug tgl. | Tel. 0664 1418420 | www.schloss-cafe.at | €–€€)* können Sie INSIDER TIPP herrlich mit Seeblick frühstücken und brunchen. Unbedingt reservieren!

STIFTSMUSEUM

Das in der Propstei eingerichtete Museum zeigt Geräte, Gemälde und Handschriften. Es beherbergt außerdem eine umfangreiche Bibliothek, in der sich u. a. eine Urkunde aus dem Jahr 860 befindet. Einige Räume sind dem Komponisten und Verleger Anton Diabelli gewidmet. *Juni–Aug. Mi, Fr/Sa 15–17 Uhr | Eintritt 4,50 Euro | Stiftsplatz 1 | Führungen: Tel. 06217 52 02 | www.stiftmattsee.at*

ESSEN & TRINKEN

KAPITELWIRT.LEOBACHER

Im alten Gemäuer des legendären Kapitelwirts wird in *Leos Gasthaus* saisonale bodenständige Küche serviert. Nebenan in der Vinothek mit *Restaurant* gibt es nach Voranmeldung Verkostungen für Gruppen. *Mo/Di, Do–Sa 9–24, So 9–14 Uhr | Marktplatz 7 | Tel. 06217 52 03 | www.dasleobacher.at | €*

GASTHAUS MAYRHOF

Das Gasthaus Mayrhof bietet eine Riesenauswahl an süßen und salzigen Knödeln, von den Mattseern wird es liebevoll Kaswirt genannt. *Do–So 10–22 Uhr | Untermayrhof 4 | Tel. 06645 79 35 56 | short.travel/sal2 | €*

FREIZEIT & SPORT

Mattsee verfügt über zahlreiche Radwanderwege, ein Strandbad und eine Segelschule. Entspannungssuchende haben zudem die Möglichkeit, eine *Schiffsrundfahrt (Mai/Juni, Sept./Okt. Do–Mo ab Mattsee 10.30 Uhr, Juli/Aug. zusätzl. Di | Rundfahrt 15 Euro | www.segelschule-mattsee.at)* mit der *„Seenland"* zu unternehmen – Anlegestellen finden Sie am Mattsee und am Obertrumer See.

ÜBERNACHTEN

SCHLOSSHOTEL IGLHAUSER

Idyllisch am See gelegenes Haus mit Tradition in ländlich-elegantem Stil. Mit Liebe zum Detail eingerichtete Zimmer und Suiten. *39 Zi. | Schlossbergweg 4 | Tel. 06217 52 05 | www.schlosshotel-igl.at | €€€*

SEEWIRT MATTSEE ●

Salzburgs erstes kinderfreies Kuschelhotel nur für Pärchen. Romantische Zimmer für Verliebte. *35 Zi. | Seestr. 4 | Tel. 06217 52 71 | www.seewirt-mattsee.at | €€–€€€*

AUSKUNFT

TOURISMUSVERBAND MATTSEE

Passauer Str. 30 | Tel. 06217 60 80 | www.mattsee.co.at

ZIELE IN DER UMGEBUNG

BENEDIKTINERABTEI MICHAELBEUERN ★ (135 D1) (🕮 G1)

Die Abtei (11,5 km nordwestlich von Mattsee) wurde im 8. Jh. gegründet. Die ältesten erhaltenen Teile stammen aus der Zeit der Romanik. Glanzstück der nach 1945 reromanisierten Stiftskirche ist der barocke *Hochaltar* von Meinrad Guggenbichler (1649–1723) mit dem Altarbild von Johann Michael Rottmayr (1654–1730). Herzstücke der Klosterführung sind die barocke Bibliothek mit einem Bestand von mehr als 20 000 Bänden, der Abteisaal mit einem Deckenfresko von Franz Nikolaus Streicher, einem begehrten Porträtisten der Mozartzeit, und der Kreuzgang. Außerdem werden wechselnde Ausstellungen gezeigt, die mit Kostbarkeiten aus der Klostersammlung bestückt sind. *Führungen von Ostermontag bis Okt. So 14–16 Uhr und für Gruppen nach Vereinbarung | Eintritt 4 Euro | Tel. 06274 81 16 | www.abtei-michaelbeuern.at*

OBERTRUM (135 D–E2) (🕮 G2)

Am Südufer des Obertrumer Sees, 5 km südlich von Mattsee gelegener Markt

(4600 Ew.), der nach einem Brand 1917 weitgehend wieder aufgebaut wurde. Die INSIDER TIPP *Trumer Privatbrauerei (Tel. 06219 74110 | www.trumer.at)* ist weit über Salzburgs Grenzen hinaus für ihr großartiges Pils bekannt. Der junge Inhaber Seppi Sigl hat sich als Aktivist für die Integration von Flüchtlingen und die Förderung lokaler Kunstprojekte einen Namen gemacht. Die Philosophie des Unternehmens lautet: „Alles anders als alle anderen". Vor Ort gibt es eine „Creativ-Brauerei", ein unterhaltsames Kabarett mit Bier zum Anstoßen sowie Führungen. Der *Braugasthof Sigl (Mi geschl. | Dorfplatz 1 | Tel. 06219 77 00 | €)* verfügt über einen schönen, schattigen Garten. Toll für Wasserratten: das gemütliche Strandbad und die Segelschule.

Sommerglück zwischen See und sanften Hügeln: Mattsee

SEEHAM (135 D1) (*G1*)

Am Westufer des Obertrumer Sees liegt knapp 4 km von Mattsee entfernt dieser sympathische kleine Badeort (1800 Ew.), der sich Biodorf nennt: Bereits mehr als 80 Betriebe arbeiten ökologisch, das Engagement wird weiter ausgebaut. Empfehlenswert ist der Gasthof *Zum Altwirt (tgl. | Dorf 1 | Tel. 06217 55 22 | €)*. Das *Biohotel Schiessentobel (14 Zi. und 3 Ferienwohnungen | Schiessentobel 1 | Tel. 06217 53 86 | www.schiessentobel.at | €–€€)* liegt über dem See und verwöhnt mit herrlicher Bioküche. Auskunft: *Tourismusverband (Dorf 12 | Tel. 06217 54 93 | www.seeham-info.at)*

INSIDER TIPP TEUFELSGRABEN

(135 D1) (*G1*)

Durch die wildromantische Schlucht bei Seeham führt ein Natur- und Erlebnispfad zum Wildkarwasserfall. Die Kugel- und die Rohrmoosmühle sowie das Brechelbad gehören ebenso wie ein Hochseilpark *(April, Mitte Sept.–Ende Okt. Sa/So 10–19, Mai/Juni Fr–So 10–19, Juli–Mitte Sept. tgl. 10–19 | Eintritt 25 Euro)* zum Ökokulturprojekt. Außerdem möglich: Bogenschießen. *www.teufelsgraben.at*

SALZKAMMERGUT

Das Salzkammergut dient den Salzburgern, um ihre Mitte zu finden: Die Landschaft zwischen Atter- und Traunsee, Hallstättersee und Ausseersee tut nicht nur den Augen gut, sie kümmert sich auch ums innere Gleichgewicht.

Außerdem ist das Salzkammergut ein wichtiges Element der Völkerverständigung – es verbindet gleich drei österreichische Bundesländer miteinander: Salzburg, Oberösterreich und die Steiermark. Ein wenig wirkt es hier, als wäre die Zeit stehen geblieben. Wenn Sie z. B. in Bad Ischl aus dem Auto steigen, werden Sie Ihren Augen nicht trauen: Zwischen historischen Bauten und im Flair der zweiten Hälfte des 19 Jhs. fühlen Sie sich wie die Adeligen, Großbürger und Künstler, die damals die Orte hier nutzten, um Energie zu tanken. Hat sich also nicht viel verändert, oder? Stimmt. Die Gegend eignet sich immer noch hervorragend für eine Auszeit. Egal ob beim Surfen, Paragliden oder Klettern – die Region bietet Berge und Seen en masse. Und was sonst? Entschleunigung. Etwa, wenn man durch Bad Aussee oder Bad Ischl flaniert, die schönen Blumenarrangements betrachtet oder einen Kaffee in den kaiserlich anmutenden Kaffeehäusern schlürft. Und einfach mal nichts tut. Auch schön!

BAD ISCHL

(136 C4) (*🕮 K3*) **Das „Kaiserfest" zum Kaisergeburtstag am 18. August, die Operettenklänge der Lehárfestspiele**

Bild: Altaussee mit Trisselwand

Mit einer Plätte über den See oder wandernd die Landschaften des Salzkammerguts entdecken, das ist Urlaub pur!

und köstliche altösterreichische Mehlspeisen beim Zauner: Sie locken Tausende im Sommer nach ● Ischl.
In der lebendigen Kur- und Operettenstadt (14 000 Ew.) entdecken Sie auf Schritt und Tritt Details aus der k. u. k. Monarchie. Und treffen beim Flanieren auf der Esplanade elegante Sommerfrischler, die auch in die damalige Zeit gepasst hätten.
Franz Lehár machte Ischl zu einem Mekka der Operette. In seiner an der Traun gelegenen Villa ist eine Gedenkstätte mit unzähligen Erinnerungsstücken eingerichtet. Die 1961 gegründeten Operettenfestspiele sind nach ihrer erfolgreichen Modernisierung bekannt als *Lehár Festival Bad Ischl (Kongress- & Theaterhaus Bad Ischl | Kurhausstr. 8 | Tel. 06132 23 83 90 | www.leharfestival.at).*

SEHENSWERTES

KAISERVILLA ★

Die schlossartig ausgebaute Biedermeiervilla war das Hochzeitsgeschenk von

Kaisermutter Sophie an Franz Joseph und Sisi. Es ist auch der Schreibtisch zu sehen, an dem Franz Joseph im Sommer 1914 die Kriegserklärung an Serbien unterschrieb. Dass der Monarch ein begeisterter Jäger war, zeigen die unzähligen Jagdtrophäen. *Jan.–März Mi 10–16 Uhr, April/Okt. tgl. 10–16 Uhr, Mai–Sept. tgl. 9.30–17 Uhr, Advent Sa/So 10–16 Uhr | Eintritt 14,50 Euro | www.kaiservilla.at*

LEHÁRVILLA

Wo der Komponist Franz Lehár viele Jahre wohnte, werden persönliche Erinnerungsstücke und Dokumente einer großen Operettenära gezeigt. *Mai/Juni, Sept. Mi–So 10–17 Uhr, Juli/Aug. Mo, Mi–So 10–17 Uhr | Eintritt 5,70 Euro | Franz-Lehár-Kai 8 | www.stadtmuseum.at/hg_leharvilla.php*

MUSEUM DER STADT

Im ehemaligen Erbhaus der Salzfamilie Seeauer fand 1853 die Verlobung von Kaiser Franz Joseph I. mit Elisabeth in Bayern – so Sisis offizieller Name – statt. Heute wird hier Bad Ischls Entwicklung von der Salz- zur Kurstadt gezeigt. *Mi 14–19, Do–So 10–17 Uhr | Eintritt 5,40 Euro | Esplanade 10 | www.stadtmuseum.at*

ESSEN & TRINKEN

INSIDER TIPP RESTAURANT ATTWENGER

Gelungene Mischung aus regionaler Küche mit internationalen Einflüssen. Dazu gibt es hervorragenden Wein, Craft-Biere und Cocktails. *Di–Sa 17.30–21, Do–So 11.30–14, So 17.30–21 Uhr | Leharkai 12 | Tel. 06132 2 11 32 | www.restaurant-attwenger.at* | €€

KONDITOREI ZAUNER ●

Weit über die Stadtgrenzen hinaus bekannt ist das Traditionscafé (seit 1832) mit seinen Zaunerkipferln und dem legendären Zaunerstollen. *Tgl. | Pfarrgasse 7 | Tel. 06132 2 33 10 20 | www.zauner.at*; Filiale: *Grand Café Restaurant Esplanade (Hasnerallee 2)*

FREIZEIT & SPORT

Über einen schattigen Waldweg gelangen Sie in einer halben Stunde zur Aussichtswarte auf dem *Siriuskogel,* um einen tollen Blick über die Stadt zu genießen. Wer höher hinaus und wandern will, fährt mit der Gondelbahn *(www.katrinseilbahn.com)* auf die *Katrin* (1500 m), den Hausberg der Ischler.

AM ABEND

Selbst die Ischler Nachtszene hat etwas vom ehemaligen k. u. k. Charme. Bei Nachtschwärmern beliebt ist das *Stehbeisl (tgl. bis 2 Uhr | Auböckplatz 6)*, im *K & K Hofbeisl (Wirerstr. 4)* und im *Augustin Huber (Pfarrgasse 2)* geht's gemütlich zu.

ÜBERNACHTEN

GOLDENES SCHIFF

Modern ausgestattetes Hotel am Traunufer mit Wellnessbereich: Sauna, Dampfbad, Wintergarten. *55 Zi. und 2 Ap. | Adalbert-Stifter-Kai 3 | Tel. 06132 2 42 41 | www.goldenes-schiff.at* | €€€

VILLA TRAUN

Herrliche Gründerzeitvilla mit Vintage-Charme. Die zwei Apartments in der Villa sind geräumig und gediegen, sehr gut ausgestattet und zentral gelegen. Was will man mehr? *2 Apartments | Tel. 0660 2 22 30 06 | www.villa-traun.at* | €€

VITAL RESORT

In der denkmalgeschützten, renovierten Villa Seilern erwartet Sie ein Mix

Die Boote lassen ahnen, dass es in Altaussee nicht immer so ruhig ist

aus imperialem Flair und Moderne. Der Spa-, Therapie- und Wellnessbereich (1000 m²) befindet sich im architektonisch gelungenen Neubau. *114 Zi. | Tänzlgasse 11 | Tel. 06132 2 41 32 | www.villaseilern.at* | €€–€€€

AUSKUNFT

TOURISMUSVERBAND BAD ISCHL
Auböckplatz 5 | Tel. 06132 2 77 57 | www.badischl.at

ZIELE IN DER UMGEBUNG

ALTAUSSEE (137 D5) (*L4*)
Der alte Salzort (1900 Ew.) am gleichnamigen See liegt 18 km südöstlich von Bad Ischl und zählt neben Bad Aussee zu den touristischen Zentren des steirischen Salzkammerguts. Das seit dem 8. Jh. bestehende *Salzbergwerk (ganzjährige Führungen | Eintritt 18 Euro | Tel. 06132 2 00 24 00 | www.salzwelten.at)* können Sie auf einer zweistündigen Tour mit festem Schuhwerk und warmer Kleidung entdecken – durch Stollen und über Rutschen am unterirdischen Salzsee vorbei. Das Hotel *Seevilla (Tel. 03622 713 02 |*

MARCO POLO HIGHLIGHTS

★ **Kaiservilla**
In Bad Ischl verbrachten Franz Joseph I. und seine Sisi den Sommer → S. 55

★ **Kammerhof**
Der gotische Bau in Bad Aussee zeugt von der einstigen Macht des Salzes → S. 58

★ **Hallstatt**
Welterbe der Kultur im Zeichen des Salzes → S. 60

★ **Pacher-Altar**
In St. Wolfgang: einer der bedeutendsten gotischen Flügelaltäre Mitteleuropas → S. 66

Beim Fasching in Bad Aussee geht's hoch her. Typsich: die Flinserlkostüme

www.seevilla.at) organisiert für Sie ein INSIDER TIPP Plättenfrühstück auf dem Altausseer See. Beim Frühstück auf einer Plätte, dem traditionellen Holzboot der Gegend, genießen Sie die Aussicht auf die Hausberge Loser und Trisselwand.

BAD AUSSEE (137 D5) *(ꝏ L4)*

Die 26 km südöstlich von Bad Ischl gelegene Stadt (4800 Ew.) ist seit 1868 Kurort, und das Soleheilbad wird nach wie vor viel besucht. In Bad Aussee wird gern Tracht getragen, und auch sonst ist man traditionsbewusst. Dass hier aber auch der geografische Mittelpunkt Österreichs ist, macht die Bad Ausseer besonders stolz. Im gotischen ★ *Kammerhof (März–Juni, Okt. Di–Fr, So 10–13, Sa 11–17, So 10–13 Uhr, Juli–Sept. tgl. 10–17 Uhr | Führungen auf Anfrage: Tel. 03622 5 37 25 11 | Eintritt 5 Euro | Chlumeckyplatz 1)*, dem einstigen Sitz der Salzverwaltung, ist ein Heimatmuseum untergebracht. Besonders sehenswert ist der mit gotischen Fresken verzierte Kaisersaal. In der *Schauschmiede* am Meranplatz darf man im Sommer *(Fr 9–16 Uhr)* beim Beschlagen der Pferde zuschauen. Beim *Staud'nwirt (tgl. | Grundlseerstr. 21 | Tel. 03622 5 45 65 | €)*, einem familienfreundlichen Landgasthof, können Sie preisgünstig essen. Das Traditionshotel *Die Wasnerin (88 Zi. | Sommersbergseestr. 19 | Tel. 03622 5 21 08 | www.diewasnerin.at | €€€)* hat einen großen Spabereich und ein Gesundheitszentrum.

GRUNDLSEE (137 D5) *(ꝏ L4)*

Die Südwestspitze des bei Tauchern wegen seiner großen Sichtweiten beliebten Sees liegt 31 km südöstlich von Bad Ischl. Es ist eine spezielle Tauchgenehmigung erforderlich. Eine Drei-Seen-Wanderung schließt den *Toplitzsee* und den vom Toten Gebirge beherrschten *Kammersee* mit ein. Das INSIDER TIPP *Seehotel Grundlsee (17 Zi. | Mosern 22 | Tel. 03622 8 60 44 | www.seehotelgrundlsee.at | €€€)* besticht durch Lage und Architektur; Spa-Pavillon auf einem Steg im See.

GMUNDEN

(137 D2) *(🕮 L2)* **Die quirlige Stadt am Nordufer des Traunsees ist mit 13 000 Einwohnern die unbestrittene „Hauptstadt" am See.**

Wenn die „Gisela", der älteste Schaufelraddampfer der Welt, von der Esplanade ablegt und die Blautöne von See und Himmel ineinander übergehen, ist Sommerfrische von ihrer schönsten Seite angesagt *(Rundfahrten Juli/Aug. So 13.30, 14.45, 17.45, 14.25 Uhr | 26 Euro | Tel. 07612 66700 | www.traunseeschifffahrt.at)*.

Im Stadtzentrum steht der *Kammerhof*, einst Sitz des landesfürstlichen Salzamts. Eine 130 m lange Holzbrücke verbindet das *Seeschloss Orth* (bekannt aus der Fernsehserie „Schlosshotel Orth") mit dem Landschloss, in dem eine Forstschule untergebracht ist. *Gmunden* lässt sich auch mit der angeblich kleinsten Straßenbahn der Welt entdecken *(ca. alle 30 Min. | Einzelfahrt 2,10 Euro | www.gmundner-strassenbahn.at)*.

SEHENSWERTES

KLO & SO – MUSEUM FÜR HISTORISCHE SANITÄROBJEKTE

Kein Scherz: Mit der Kulturgeschichte des Klos befasst sich dieses kleine aber sehenswerte Museum. *Mi–Fr 13–17, Sa/So 10–17 Uhr | Eintritt 6 Euro | Kammerhofgasse 8 | K-Hof*

ESSEN & TRINKEN

GRELLINGER

Älteste Konditorei Gmundens, mit illustrem Gästebuch. Hier wird Gmundner Torte – aus Mürbeteig, Nuss und Schokolade – serviert. *Sept.–Juni Mi geschl. | Franz-Joseph-Platz 6 | Tel. 07612 64153*

VILLA TOSCANA

Regionale und toskanische Spezialitäten in wunderschönem Jugendstilambiente mit Blick auf den Traunsee. *Mo/Di geschl. | Toscanapark 6 | Tel. 050140 15181 | www.congress-gmunden.at |* €€

EINKAUFEN

GMUNDNER KERAMIKMANUFAKTUR

Wo seit 350 Jahren Keramik hergestellt wird, hat diese Manufaktur vor 100 Jahren ihren Betrieb aufgenommen. In den Werkstätten sehen Sie, wie das Dekor aufgetragen wird. Günstige Ware zweiter Wahl. *Mo–Fr 9–18, Sa 9–17 Uhr | Führungen (Termine siehe Website) 8 Euro | Keramikstr. 24 | Tel. 07612 7860 | www.gmundner.at*

STILLSEGLER

Trendige, regionale Lifestyleaccessoires: u. a. Glas, Schals, Taschen. *Schiffslände 7 | www.stillsegler.com*

ÜBERNACHTEN

SEEGASTHOF HOIS'N WIRT

Familienbetrieb mit Badeplatz und Anleger für Surfer und Segler. *15 Zi. | Traunsteinstr. 277 | Tel. 07612 77333 | www.hoisnwirt.at |* €€

AUSKUNFT

TOURISMUSBÜRO GMUNDEN

Rathausplatz 1 | Tel. 07612 65752 | www.traunsee.at

ZIELE IN DER UMGEBUNG

ALTMÜNSTER (137 D2) *(🕮 L2)*

Im ältesten Ort am Traunsee (9800 Ew., 4 km südwestlich) siedelten schon die Römer. Heute werden Rafting- und Canyoningtouren angeboten. Der in 850 m

Höhe gelegene *Almgasthof Windlegern (Di/Mi geschl., Nov.–April auch Mo | Kollmannsberg 122 | Neukirchen | Tel. 07617 28 44 | www.windlegern.at | €)* tischt Hausmannskost mit Produkten aus der eigenen Landwirtschaft auf. Die Sicht auf den Traunstein ist überwältigend.

EBENSEE (137 D3) *(L2–3)*
Hier am Südufer, 16 km von Gmunden, wird das mit einer Soleleitung von Hallstatt herantransportierte Salz verarbeitet. Das *Museum Ebensee (Juni–Sept. Di, Do, Sa 14–18 Uhr, Gruppen n. Vereinb. | Eintritt 6 Euro | Kirchengasse 6 | www.museumebensee.at)* zeigt u. a. Krippenbrauchtum, im Salzkammergut Unesco-Kulturerbe. Kino, Konzerte, Lesungen bietet der INSIDER TIPP *Kulturverein Kino Ebensee (Schulgasse 6 | www.kino-ebensee.at)*. Der Ort ist Ausgangspunkt für Wanderungen um die Langbathseen (7 km von Ebensee), in denen man auch tauchen kann. Die Windverhältnisse auf dem 1594 m hohen *Feuerkogel* ziehen Drachenflieger und Paraglider an. *www.ebensee.at*

TRAUNKIRCHEN (137 D3) *(L2)*
Der Ort (1600 Ew.) 11 km südlich von Gmunden liegt hübsch auf einer Halbinsel. Die Kirche *Mariä Krönung* (Mitte des 17. Jhs.) ist wegen der in Form eines Fischerbootes gestalteten, reich verzierten *Fischerkanzel* ein Pilgerziel für Barockliebhaber. Wassersportler zieht es zum großen Naturbadestrand oder zur Segel- und Tauchschule im Ort. Übernachtung: *Das Traunsee (38 Zi. | Klosterplatz 4 | Tel. 07617 22 16 | www.dastraunsee.at | €€)*.

LOW BUDG€T

Die naturkundliche Führung am Feuerkogel *(Juli–Sept. Mi 9.30 Uhr | Dauer ca. 1,5 Std. | www.feuerkogel.com)* gibt Einblicke in die vielfältige Natur im Höllengebirge. Sie ist beim Kauf eines Berg- und Talfahrt-Tickets für die *Feuerkogel-Seilbahn (Ticket 22,20 Euro)* kostenlos.

Mondi Holiday Grundlsee (171 Zi. | Archkogl 31 | Tel. 03622 8 47 70 | www.grundlsee.mondiholiday.at): Apartmenthotel am See, jeder Gast wählt individuell im Baukastensystem von sehr preiswert bis aufwendig.

HALLSTATT

(136 C6) *(K4)* **Seit gut 4000 Jahren besiedeln Menschen die Region, in der sich heute ★ Hallstatt befindet. Wie viele Orte in dieser Gegend kam Hallstatt durch Handel und Salzgewinnung zu Reichtum. Bereits vor 4000 Jahren siedelten hier Menschen, um nach Bodenschätzen zu suchen.**

Dabei war der Weg das Ziel, denn bis Ende des 19. Jhs. konnte man Hallstatt nur per Schiff über den *Hallstätter See* oder auf schmalen Pfaden erreichen. Heute sieht das Ganze anders aus: Hallstatt mit seinen alten Fischerhäuschen lebt vom Tourismus, und weil das Ambiente so schön ist, haben Chinesen den Ort in der Provinz Guangdong sogar nachgebaut! Der Salzberg ist der weltweit älteste heute noch bewirtschaftete Bergbaubetrieb. Hallstatt zählt samt Umgebung zum Unesco-Welterbe.

SEHENSWERTES

MUSEUM HALLSTATT
Als sie in Hallstatt ein prähistorisches Gräberfeld fanden, konnten es die Archäolo-

gen kaum fassen: Sie waren auf das Zentrum einer uralten Zivilisation gestoßen. Das Museum beleuchtet die faszinierende Geschichte dieser sogenannten Hallstatt-Kultur. *Mai–Sept. tgl. 10–18 Uhr, April/Okt. tgl. 10–16 Uhr, Nov.–März Mi–So 11–15 Uhr | Eintritt 10 Euro | Seestr. 56 | www.museum-hallstatt.at*

Ausstellung. Darüber hinaus geht es im Bergwerk über die längste Bergmannsrutsche Europas – ein Highlight! – und an einem mystisch beleuchteten Salzsee vorbei. *Tgl., März, Okt.–Dez. 9.30–14.30 Uhr, April–Sept. 9.30–16.30 Uhr | Eintritt 30 Euro (inkl. Panoramabahn) | www.salzwelten.at*

Ein Highlight beim Besuch des Bergwerks der Salzwelten: die alte Grubenbahn

PFARRKIRCHE

Ganz schön gruselig: Im *Karner (Mai–Okt. tgl. 10–17, Nov.–April Mi–So 11.30–15.30 Uhr | Eintritt: 1,50 Euro)* der Kirche werden 1800 Totenschädel aufbewahrt. Die meisten von ihnen sind dekoriert und mit Namen und Jahreszahl versehen. Da auf dem Friedhof Platzmangel herrschte, kamen bei Umbettungen die Schädel in das Beinhaus.

SALZWELTEN HALLSTATT

Das Leben des 1734 gefundenen „Manns im Salz" und der prähistorische Bergbau stehen im Mittelpunkt der Salzwelten-

ESSEN & TRINKEN

BRÄUGASTHOF

Auf der Seeterrasse und in den heimeligen Stuben des Gasthofs von 1472 gibt's Gutbürgerliches und regionale Schmankerln. *Tgl. | Seestr. 120 | Tel. 06134 82 21 | www.brauhaus-lobisser.com* | €

FREIZEIT & SPORT

TAUCHCLUB DACHSTEIN-SALZKAMMERGUT

Die Seen der Region zählen zu den schönsten Revieren Europas. Besonders beliebt ist das Flusstauchen am Traunfall. Der Tauchclub Dachstein-Salzkammergut nimmt Sie mit. *Seestr. 113 | www.dive-adventures.at*

ÜBERNACHTEN

SEEHOTEL GRÜNER BAUM

Haus am See, freundliche Atmosphäre. Fast alle Zimmer haben INSIDERTIPP Balkon oder große Terrasse (40 m²) mit Blick auf See und Gebirge. *23 Zi. | Marktplatz 104 | Tel. 06134 8 26 30 | www.gruenerbaum.cc* | €€

Im Inneren der Stiftskirche in Mondsee trifft Gotik auf Barock

HALLBERG

In der hübsch eingerichteten Pension am See kümmert sich die Dame des Hauses mit ganzem Herzen um das Wohl ihrer Gäste. Sonderangebote für Taucher. *5 Zi. | Seestr. 113 | Tel. 06134 87 09* | €

AUSKUNFT

TOURISMUSVERBAND HALLSTATT

Seestr. 99 | Tel. 05 9 50 95 30 | www.hallstatt.net

ZIEL IN DER UMGEBUNG

BLAA-ALM (137 D5) (*L4*)

Die Bioalm am Loser lockt mit Murmeltieren und Kaiserschmarrn. Sie ist von Altaussee mit dem Auto über die Loser-Panoramastraße zu erreichen. *Di–Sa 10–22, So bis 17 Uhr | Tel. 03622 7 11 02 | www.blaa-alm.co.at*

DACHSTEINHÖHLEN (136 C6) (*L4–5*)

Das Dachsteinmassiv am Hallstätter See erreichen Sie ganz bequem mit der Seilbahn oder anstrengender auf einer der vielen Aufstiegsrouten. Besuchen Sie die beiden Tropfsteinhöhlen, die *Mammuthöhle* (von mehr als 60 km Gängen ist ein kleiner Teil für Touristen begehbar) oder die *Eishöhle* mit ihren Hallen und Domen (800 m von 2700 m sind begehbar). Der Besuch dauert jeweils 1,5 Std., die Temperatur liegt um den Gefrierpunkt. Ausrüstung: feste Schuhe, warme Kleidung. Ausgangspunkt ist die Mittelstation der Dachsteinbahn Obertraun (5 km östlich von Hallstatt). *Tgl., Mai–Mitte Juni u. Mitte Sept.–Okt. 9.20–15.30 Uhr, Mitte Juni–Mitte Sept. 9.20–16 Uhr | Eintritt ab 12,60 Euro (Seilbahn nicht inbegriffen) | www.dachstein-salzkammergut.com*

HANDWERKHAUS BAD GOISERN (136 C5) (*K4*)

Im renovierten Schloss Neuwildenstein zeigen Meisterbetriebe aus der Region

Handwerkskunst. *Mo–Fr 9–12 u. 14–18, Sa 9–12 Uhr | Rudolf-von-Alt-Weg 6 | Tel. 06135 5 08 00 | www.handwerkhaus.at*

MONDSEE

(136 A2–3) (*J2*) **Grüße aus der Vergangenheit: Noch heute freuen sich Gäste über das schön anzusehende alte Kloster Mondsee. Zwar wurde das Stift Mondsee 1791 aufgelöst, doch die ehemaligen Stiftsräumlichkeiten werden heute nochals Wohn-, Geschäfts- und Veranstaltungsareal genutzt.**

Teile des früheren Klosters beherbergen heute das *Schlosshotel Mondsee (51 Zi. | Schlosshof 1a | Tel. 06232 50 01 | www.schlossmondsee.at | €€€)* mit traumhaftem Wellnessbereich. Im Ort leben 3400 Einwohner, der See ist wegen seiner angenehmen Wassertemperaturen beliebt. Anfang September präsentieren die *Mondsee-Tage* Musik und Literatur.

SEHENSWERTES

BASILIKA MONDSEE

Die ehemalige Stifts-,heutige Pfarrkirche zum Hl. Michael besticht durch ihren gotischen Innenraum und ihre barocke Ausstattung. Und sie war Spielort für die „The Sound of Music"-Hochzeitsszene.

BAUERNMUSEUM MONDSEELAND

Das für die Gegend typische Gehöft beherbergt Wohnhaus, Stall und Stadl (Scheune) unter einem Dach. Der Kamin fehlt ganz, denn der Rauch zieht durch das Dach ab. Beim Bau der Westautobahn 1959 wurde das Haus abgetragen und nahe bei der Stiftskirche wieder aufgebaut. *Di–So, Mai–Juni, Sept./Okt. 10–17, Juli–Aug. 10–18 Uhr | Eintritt 3,50 Euro | Hilfberg 6 | www.museummondsee.at*

ESSEN & TRINKEN

DRACHENWAND

Gasthaus in einem 500 Jahre alten Gebäude am Fuß der Drachenwand. Auf den Tisch kommen österreichische und internationale Küche sowie ausgezeichnete Fischgerichte. *Mi–So, Juli–Mitte Sept. auch Di | Sankt Lorenz 46 | Tel. 06232 33 56 | www.drachenwand.at | €*

HOLZINGERBAUER

Ein kühler Most im Garten nach einem Badetag – und das Glück ist perfekt. Spezialität: der Mondseer-Käse nach einem Rezept von 1830. *Mo/Di/Do/Fr ab 15 Uhr (Reservierung empfohlen) | Oberburgau 12 | Tel. 06232 38 41 | €*

SEEHOTEL LACKNER

Seegasthof mit der besten Küche weit und breit. Frische Fische aus der Region werden zubereitet. *variierender Ruhetag | Mondseestr. 1 | Tel. 06232 23 59 | www.seehotel-lackner.at | €€*

FREIZEIT & SPORT

Auf dem Mondsee wird gesegelt, gesurft und Wasserski gefahren. Das großzügig angelegte *Alpenseebad (Seebadstr. 3 | www.mondseeland.org)* hat eine 45 m lange Erlebnisrutsche. Die *Segelschule Mondsee (Robert-Baum-Promenade 3 | www.segelschule-mondsee.at)* bietet u. a. Segel-, Surf-, Kitekurse für Kinder und Jugendliche. Gut ausgeschilderte Wanderwege führen zu faszinierenden Ausblicken auf die Seen- und Bergwelt.

ÜBERNACHTEN

IRIS PORSCHE HOTEL

Relativ neu umgebautes Luxushotel am Marktplatz mit großem Spa- und Well-

Belohnung einer Wanderung aufs Zwölferhorn bei Sankt Gilgen: Blick auf den Wofgangsee

nessbereich. *11 Zi. | Marktplatz 1 | Tel. 06232 2 23 70 | www.irisporsche.at | €€€*

LANDHOTEL MARIENSCHLÖSSL EICHINGERBAUER

Mischung aus traditionellem Gasthof und Landhotel mit Spa. *35 Zi. | Eich 34 | Sankt Lorenz bei Mondsee | Tel. 06232 2 65 80 | www.eichingerbauer.at | €€€*

AUSKUNFT

TOURISMUSVERBAND MONDSEELAND

Dr.-Franz-Müller-Str. 3 | Tel. 05 9 50 95 30 | www.mondsee.at

ZIELE IN DER UMGEBUNG

OBERWANG (136 A2) (*J2*)

Eine Wanderroute führt von Mondsee 11 km nordwestlich nach Oberwang (1600 Ew.). Werfen Sie einen Blick in die *Pfarrkirche Sankt Kilian* (mit einem Hochaltar des Bildhauers Meinrad Guggenbichler) und genießen Sie eine Jause im Wirtshaus *Fideler Bauer (Mo geschl. | Grossenschwandt 31 | Tel. 06233 85 70 | www.fideler-bauer.at | €–€€)*.

STEINBACH AM ATTERSEE (136 B3) (*K2*)

Die kleine Sommerfrische (900 Ew., 24 km östlich) am Fuß des Höllengebirges wurde Ende des 19. Jhs. berühmt, als Gustav Mahler mehrere Sommer dort verbrachte und sich am See ein Komponierhäuschen errichten ließ. Den Schlüssel dazu gibt's in dem für seine Fischspezialitäten bekannten *Gasthof Föttinger (im Sommer tgl., sonst variable Ruhetage | Seefeld 14 | Tel. 07663 81 00 | €€)*. Im Juli und August finden die *Philharmonischen Wochen (Infotel. 07666 77 19)* statt.

UNTERACH AM ATTERSEE (136 B3) (*J–K 2–3*)

Für viele ist Unterach (1400 Ew., 14 km südöstlich) der Lieblingsplatz am „Meer der Linzer", wie der Attersee auch genannt wird. Überreste einer Pfahlbausiedlung verweisen auf eine sehr frühe Besiedelung. Frühstücken können Sie in der Röhre: Die „Gastronomie zwischen den Seen" ist bekannt für ihren guten Wochenendbrunch. *Die Röhre (März–Dez. Mo/Do/Fr ab, Sa/So ab 9 Uhr | Stockwinkel 1 | Tel. 0664 9262165 | www.dieroehre.com | €€).*

SANKT GILGEN

(136 A3) (*J3*) **In dem lebendigen Mozart-Dorf Sankt Gilgen am Wolfgangsee (3800 Ew.) verbrachte Altbundeskanzler Helmut Kohl viele Sommerurlaube.**
Mozarts Mutter wurde 1720 hier geboren, seine Schwester Nannerl lebte viele Jahre mit ihrem Mann, dem Gerichtspfleger Berchtold von Sonnenburg, im Geburtshaus der Mutter.

SEHENSWERTES

MOZARTHAUS SANKT GILGEN

Die lohnende Ausstellung im Bezirksgericht Sankt Gilgen zeigt Briefe, Noten und Gemälde. *Juni–Sept. Sa/So 10–12 Uhr | Eintritt 4 Euro | Ischler Str. 15*

ESSEN & TRINKEN

FÜRBERG – GASTHOF UND HOTEL

Im 700 Jahre alten Gasthaus werden Saibling, Forelle oder Reinanke aus eigener Zucht serviert. Zudem gibt's eine schöne Badebucht. *Tgl. 17.30–21 Uhr | Fürbergstr. 30 | Tel. 06227 23850 | www.fuerberg.com | €€–€€€*

WIRT AM GRIES

Wirtshaus mit Bodenhaftung und Esprit zugleich; regionale Gerichte der Saison. *Mi–So 11.30–14 u. 17.30–21 Uhr | Steinklüftstr. 6 | Tel. 06227 2386 | www.wirtamgries.at | €–€€*

FREIZEIT & SPORT

Morgens geht's aufs *Zwölferhorn (www.12erhorn.at)*. Den Abstieg übernimmt die Seilbahn. Wasserski- und Segelschule: *Wassersportzentrum Engel (Seepromenade St. Gilgen | Tel. 0664 5850891 | www.wassersport-engel.at)*

ÜBERNACHTEN

HOLLWEGER

Die gemütliche Atmosphäre drinnen wird nur getoppt durch die phantastische Aussicht. Buchen Sie unbedingt ein Balkonzimmer! *64 Zi. | Mondsee Bundesstr. 2 | Tel. 06227 2226 | www.hollweger.at | €€*

AUSKUNFT

WOLFGANGSEE TOURISMUSBÜRO ST. GILGEN

Bundesstr. 1a | Tel. 06227 2348 | www.wolfgangsee.at

SANKT WOLFGANG

(136 B4) (*J3*) **Die Ikone des Salzkammerguts, heute eine Marktgemeinde mit 2800 Einwohnern, verdankt ihre Berühmtheit einer Legende um den Hl. Wolfgang, Bischof von Regensburg, einer Operette und einem Film.**
Der Komponist Ralph Benatzky (1884–1957) hob 1930 *Sankt Wolfgang* mit „Im weißen Rössl" in den Operettenhimmel. Die gleichnamige Komödie von 1960 ist ein Filmklassiker. 2013 wurde das „Weiße Rössl – Wehe, du singst" als

Musical neu verfilmt. Auf dem Friedhof am Ortsrand liegt Benatzky begraben, wie auch der deutsche Schauspieler Emil Jannings (1884–1950), der viele Sommer am Wolfgangsee verbrachte.

SEHENSWERTES

PACHER-ALTAR ★

In der Pfarrkirche (12. Jh.) steht einer der bedeutendsten gotischen Flügelaltäre Mitteleuropas. 1481 fertiggestellt, repräsentiert er das Hauptwerk Michael Pachers. Kunsthistorisch bedeutend sind neben dem Barockaltar von Thomas Schwanthaler auch die von Meinrad Guggenbichler geschaffenen Statuen.

ESSEN & TRINKEN

DORF-ALM

Gasthaus im Stil einer Almhütte mit zünftiger Küche und Puppenmuseum *(Mi–Mo 11–18 Uhr | Eintritt 4,50 Euro)* mit mehr als 1500 Barbiepuppen. *Mi–Mo 11–24 Uhr | Markt 123 | Tel. 06138 2 01 45 | www.dorf-alm.at* | €€

SEEBÖCKENHOTEL ZUM WEISSEN HIRSCHEN

Auf der romantischen Seeterrasse unter Kastanienbäumen lässt sich hervorragend Regionales, Vegetarisches oder Leckeres aus der hauseigenen Konditorei schlemmen. *Markt 73 | Tel. 06138 22 38 | www.weisserhirsch.at* | €€–€€€

FREIZEIT & SPORT

Auf dem ● *Wolfgangsee* sind neben Schiffstouren nach Sankt Gilgen und Strobl auch Wasserski und Wakeboard gefragt. Spazieren Sie um den See oder wandern Sie auf den *Schafberg* (1783 m). Alternativ bringt die *Schafbergbahn (Talstation Mai–Sept. stündl. tgl. 9–17 Uhr, Juli/Aug. So Nostalgiefahrten ab 20 Personen | Ticket Berg- oder Talfahrt*

LESEHUNGER & AUGENFUTTER

Drachenjungfrau – Die Krimmler Wasserfälle und Sagenhaftes aus dem Pinzgau sind mitunter Schauplatz im Krimi von Manfred Baumann (2014)

Der kleine Grenzverkehr – 1938 erzählte Erich Kästner (unter dem Titel „Georg und die Zwischenfälle") die Geschichte eines Berliner Schriftstellers, der Salzburg in der Festspielzeit besucht, das Salzburg der Vorkriegszeit inklusive

Die beste aller Welten – Film (2017) des jungen Salzburger Regisseurs Adrian Goiginger über seine Kindheit mit einer drogenabhängigen Mutter

Silentium – Grandios grantelnde Verfilmung des gleichnamigen Krimis von Wolf Haas (2004): Der Kabarettist und Schauspieler Josef Hader ermittelt in der Rolle des Kommissars Brenner hinter den Mauern eines Konvikts und in der „feinen" Salzburger Gesellschaft (Regie: Wolfgang Murnberger)

Der Wadenmesser oder das wilde Leben des Wolfgang Mozart – Das Genie als Anarchist: Der Dokumentarfilm von Kurt Palm (2004) schildert Mozarts Spielsucht ebenso wie seine unbändige Eifersucht und seine Lust an fäkalkomischer Sprache

25,50 Euro, Berg- und Talfahrt 36 Euro | www.schafbergbahn.at) Sie hinauf.

AM ABEND

W3 ALT NEU ANDERS

Das W3 ist eine gemütliche Bar im Herzen von St. Wolfgang, die vor allem am Wochenende von Einheimischen als zentraler Treffpunkt gewählt wird. Eine Altersgrenze gibt es nicht: Jung trifft auf Alt, und alle genießen die entspannte Atmosphäre. *Mo–Do 18–02, Fr–Sa 18–04 Uhr | Markt 30 | Tel. 0664 4 62 80 92*

ÜBERNACHTEN

INSIDER TIPP CORTISEN

Das Boutiquehotel direkt am See mit Wasserskischule ist ideal für Genießer und alle, die ohne Kinder Urlaub machen. Die „No kids"-Politik sorgte bei der Einführung 2006 zunächst für negative Schlagzeilen, erfährt aber mittlerweile große Zustimmung. Mit Spa-Bereich, Liegewiese und Gartenlounge. *32 Zi. | Pilgerstr. 15 | Tel. 06138 2 37 60 | www.cortisen.at | €€€*

WEISSES RÖSSL

Das durch die gleichnamige Operette weltbekannte Seehotel ist großzügig ausgestattet und gediegen eingerichtet. Hallenbad, beheiztes Seebecken, Sauna und – nach eigener Aussage – der erste schwimmende Whirlpool der Welt. *94 Zi. | Markt 74 | Tel. 06138 23 06 | www.weissesroessl.at | €€€*

Es muss nicht immer Schnee sein: Sankt Wolfgang am Wolfgangsee im Herbst

AUSKUNFT

WOLFGANGSEE INFORMATION

Au 140 | Tel. 06138 80 03 | www.wolfgangsee.at

TENNENGAU UND PONGAU

Das Bundesland Salzburg – ja, verwirrend: Es heißt genauso wie die Stadt – ist in fünf Bezirke unterteilt, „Gaue" genannt. Sie sind im Tennengau gelandet? Gratulation! Tennengauer nennen ihren Gau gerne den „Supergau". Und liegen damit nicht falsch.

Der Tennengau liegt mitten in der Natur – mit beeindruckenden Klammen, einer großen Auswahl an Wanderrouten, Klettersteigen und Seen. Die Bezirkshauptstadt Hallein wird – als kleine Schwester Salzburgs – oft unter Wert verkauft. Weil auch Hallein in Zeiten der Kelten und später des Salzhandels ein wichtiger Player war, findet man hier eine wunderschön erhaltene Saline, die sich einmal im Jahr in einen modernen Künstler-Think-Tank *(http://schmiede.ca/)* verwandelt. Gleich daneben steht ein Theaterhaus, in dem auch Aufführungen der berühmten Salzburger Festspiele stattfinden.

Fährt man südlicher, passiert man den Pass Lueg – die inoffizielle Grenze zum „Innergebirg", wie die Salzburger diesen Landesteil liebevoll nennen. Der Pongau ist bergiger als der Tennengau, zahlreiche Skipisten – beeindruckende Après-Ski-Kultur inklusive – sind hier angesiedelt. Und im Sommer wandern Salzburger Familien auf die Almen. Verlässt man die Berge, bietet sich das Gasteinertal für einen Trip in die Vergangenheit an. Berliner Hipster und schwedische Aussteiger geben den verfallenen k. u. k. Häusern im Rahmen von Künstlerprogrammen etwas ihrer verlorenen Seelen zurück.

Bild: Alte Mühle, Golling

Supergau und Après-Ski-El-Dorado, Berliner Hipster in verfallenen Villen, Bio-Almbrunch und dazu: zahllose Naturwunder

ABTENAU

(136 A6) (*J4*) **Abtenau ist ein Tennengauer Ort, wie er typischer nicht sein könnte. Der Marktplatz ist der Treffpunkt der Einheimischen, hier wird eingekauft, Neuigkeiten werden ausgetauscht. Obwohl der Ort mit seinen knapp 6000 Einwohnern etwas verschlafen daherkommen mag, ist er durchaus auch für junge Abtenauer attraktiv. Sie fühlen sich hier wohl.**

Kein Wunder, hier haben sie alles, was sie brauchen: Berge, ein eigenes Schwimmbad und hochwertiges Essen aus regionalem Anbau. Im Frühsommer schlüpfen die Locals ins Dirndl und die „Lederne" und bringen die Tiere hinauf auf die Alm. Vor allem aber in der kalten Jahreszeit ist Abentau ein idealer Ausgangspunkt für Action: Gemeinsam mit ihren Nachbargemeinden bildet die Marktgemeinde die Ferienregion Dachstein-West, die sich im Winter in ein herrliches Skigebiet mit moderaten Ticketpreisen verwandelt.

ESSEN & TRINKEN

INSIDER TIPP **ROCHERALM**
Familiengeführte Alm, auf der sich in himmlischer Bergkulisse herzhaft frühstücken lässt. *Mitte Mai–Okt. Mo/Di bis 17 Uhr, Mi–So länger geöffnet | Unterberg 20 | Tel. 06644 311110 | www.rocheralm.at |* €

EINKAUFEN

Abtenau ist ein ländliches Pflaster, dennoch finden sich auch hier hübsche Shops für Trendhunter. Das *Frauenzimmer (Markt 24 | www.frauenzimmer.co.at)* ist alles in einem: Concept Store, Tracht- und Modegeschäft mit schönem Design aus aller Welt – und Werken kreativer Salzburger. In der *Greisslerei Italy (Markt 181 | greisslereiitaly.strikingly.com)* gibt es Frisches aus Italien und Österreich, ökologlisch korrekt unverpackt und aus Bioanbau, alles hübsch präsentiert in einem sympathischen Laden.

Macht den Kopf frei: Mit dem Mountainbike durch die Berge bei Altenmarkt-Zauchensee

FREIZEIT & SPORT

Jede freie Minute heißt es: Raus in die Natur! Der *Karkogel (1187 m | www.karkogel.at)* bietet Möglichkeiten für Wanderungen, Downhillen, Sommerrodeln und vieles mehr. In *Oberscheffau* startet der *Mühlenrundweg* entlang dem wildromantischen Schwarzenbach zur historischen Getreide- sowie der Marmorkugelmühle am *Schwarzenbachfall*. Vorbei am *Winnerfall* geht es zum *Tennengauer Aussichtspunkt*. Und am Ende planschen Sie in der *Freizeitanlage am Harrbergsee (Eintritt 5 Euro | www.harrbergsee.at)* vor gigantischem Bergpanorama.

ÜBERNACHTEN

MOISL
Das Genuss- und Vitalhotel mit sympathischer Ausstrahlung bietet komfortable Zimmer, eine großzügige Wellnessanlage und die Badewelt „Anno 1890". *68*

Zi. und 2 Suiten | Markt 26 | Tel. 06243 2 23 20 | www.hotelmoisl.at | €€–€€€

SCHNITZHOF

Biobauernhof mit eigener Käserei auf der Schnitzhofalm. *3 Ap. | Möselberg 10 | Tel. 0664 44 8 96 77 | www.schnitzhof.eu | €*

AUSKUNFT

TOURISMUSREGION LAMMERTAL-DACHSTEIN WEST

Markt 165 | Postfach 5 | Tel. 06243 40 40 | www.tennengau.com

ZIEL IN DER UMGEBUNG

ANNABERG-LUNGÖTZ (136 A6) (*J5*)

Schöne Sommerfrische (2300 Ew.) und attraktives Skigebiet 11 km südöstlich von Abtenau. Zwischen Annaberg und Sankt Martin liegt die wildromantische *Salzburger Dolomitenstraße*. Übernachten: Bio- und Gesundheitsbauernhof *Mandlhof (6 Ferienwohnungen für Selbstversorger, Übernachtungsmöglichkeiten auf der hauseigenen Alm | Tel. 06463 8146 | www.mandlhof.at | €–€€)*. Das INSIDER TIPP *Winterstellgut (4 Zi., 1 Suite | Braunötzhof 4 | Annaberg im Lammertal | Tel. 06463 6 00 78 | www.winterstellgut.at | €€€)* ist ein historischer Bauernhof wie aus dem Bilderbuch samt regionaler Küche und gemütlichen Zimmern mit viel Liebe zum Detail.

ALTENMARKT-ZAUCHENSEE

(142 B2) (*J6*) **In Altenmarkt-Zauchensee (3700 Ew.) kennt man den Ausdruck „Après Ski" nicht nur vom Hörensagen. Im Austragungsort zahlreicher Ski-Weltcup-Rennen geht es nicht nur sportlich, sondern auch partymäßig so richtig zur Sache.**

Wen wundert's? Die Landschaft bietet jedem etwas: Langläufern, Skifahrern und Snowboardern. Die *Skiarena Sportwelt Amadé* ist wegen ihrer Größe und Pistenvielfalt beliebt. Übrigens: Bewegung ist den Altenmarktern und Zauchenseeern wichtig: So haben sich die beiden Gemeinden zum 48 km² großen *Atomic Vital Park* mit eigenen Angeboten zusammengeschlossen. *Karte, Broschüre und Infos gibt's beim Tourismusverband Altenmarkt-Zauchensee* (s. S. 72).

ESSEN & TRINKEN

HOAGASCHT

Im gemütlichen alten Kuhstall erlebt man echte *Hoagascht*: gemütliches Zusammensein bei gutem Essen, Slow Food auf Salzburgisch. Spannend: der Mix aus Pongauer und asiatischer Küche. *Do–So 11–14 u. 17.30–21.30 Uhr | Flachau 14 | Tel. 06457 3 24 90 | €€*

PAULAREI

Köstlich und ehrlich nennt sich die Paularei selbst. Vor allem aber ist sie ziemlich cool – ihr Signature Food sind Burger in allen Variationen. Highlight: die Kunstwerke des Salzburger Streetart-

MARCO POLO HIGHLIGHTS

★ **Dürrnberg**
Große Vielfalt: 4000 Jahre Salzbergbau, Solekurort mit Ausblick, Keltendorf und Schaubergwerk → S. 75

★ **Eisriesenwelt**
Die große Eishöhle bei Werfen zeigt sich als glitzernde Schönheit unter Tage → S. 78

paars JANA & JS. *Di–So 11–24 Uhr | Flachauerstr. 353 | Tel. 06457 2 20 58 04 | €€*

ÜBERNACHTEN

LAUDERSBACH

Schickes Hotel mit schönem Wellnessbereich, für Pärchen und Familien. *40 Zi. | Zauchenseestr. 278 | Tel. 06452 60 75 | www.laudersbach.at | €–€€*

SPORTALM

Im Skigebiet gelegenes Haus mit familiärer Note. *44 Zi. | Zauchensee 27 | Tel. 06452 40 06 | www.sportalm.com | €€*

AUSKUNFT

TOURISMUSVERBAND ALTENMARKT-ZAUCHENSEE

Sportplatzstr. 6 | Tel. 06452 55 11 | www.altenmarkt-zauchensee.at

ZIELE IN DER UMGEBUNG

FILZMOOS (142 B1) (*K5*)

Der Ferien- und Skiort (1400 Ew.) am Fuß der Bischofsmütze ist auf Familien ausgerichtet. Im Erlebnispark gibt es Möglichkeiten zum Planschen, Erholen und Klettern sowie Spaß für Kinder. Drei-Hauben-Köchin Johanna Maier lässt ihrer Magie im *Hotel Hubertus (15 Zi. und 6 Ap. | Tel. 06453 82 04 | www.johannamaier.at | €€€)* freien Lauf. *17 km nordöstlich von Altenmarkt*

OBERTAUERN (142 B3) (*K7*)

Das langgezogene Straßen-(Hotel-)Dorf, das 23 km südlich von Altenmarkt auf der Passhöhe (1739 m) des Radstädter Tauern liegt, verwandelt sich im Winter in eine Skimetropole *(www.obertauern.com)* mit sicherer Schneelage. Übernachten können Sie im *Hotel Kesselspitze (65 Zi. | Tel. 06456 74 00 | www.luerzer.at | €€€)*, Restaurant: *Lürzer Alm (tgl. | Tel. 06456 72 89 | €€)*.

RADSTADT (142 B2) (*J6*)

Nur knapp 5000 Einwohner haben sich in Radstadt angesiedelt, und trotzdem hat der Ort jede Menge zu erzählen. Von den Bauernaufständen im 16. Jh. sind Stadtmauern und Wassergraben übrig, heute haben erfolgreiche Startups hier ihr Headquarter. Wer in Shoppinglaune ist, schaut bei *Rappl Moden (Schernbergstr. 13 | www.rappl.at)* vorbei. Essen gibt's nebenan im *Stegerbräu (Mi–So 11–14 u. 17–21 Uhr | Tel. 06452 43 13 | €–€€)*.

BAD GASTEIN

(141 D5) (*H8*) **In Bad Gastein (4200 Ew.) fühlt man sich wie in einem Wes-Anderson-Film. Teilweise verfallene Villen stehen neben hippen schwedischen Cafés – und mitten im Ort rauscht ein imposanter Wasserfall.**

Vieles erinnert an die ruhmreichen Zeiten, in denen der Ort ein Must für kaiserliche Kurgäste war. Nach vielen Jahren Dornröschenschlaf wacht Bad Gastein nun wieder auf – mit einem *Flying Fox* übers Tal, als Herberge für internationale Künstler, die zur *sommer.frische.kunst* (s. S. 78) anreisen, und als Zufluchtsort schwedischer und Berliner Hipster, die um die Kraft des Tales wissen. Kur macht man hier übrigens immer noch: Viele Thermen laden zur Entspannung und Genesung bei Wehwehchen ein.

ESSEN & TRINKEN

INSIDER TIPP GINGER N' GIN

Im Ginger n' Gin gibt es eine beeindruckende Gin-Auswahl, Asian Fusion Food und den Charme der Kaiserzeit mit dazu. *Tgl. ab 18 Uhr | Kaiser-Franz-Jo-*

Hätten Sie's gedacht? Neben Kurgästen kommen auch Künstler und Hipster hierher: Bad Gastein

seph-Str. 14 | Tel. 06434 3 04 51 | www.gingerandgin.at | €€

ROSSALM

Moderne Alm mit wunderbaren Ausblicken sowie guter österreichischer und europäischer Küche. *Mi–Sa 17–22 Uhr | Stubnerkogelstr. 36 | Tel. 06434 3 04 04 | www.rossalm.cc* | €

FREIZEIT & SPORT

Das Gasteiner Tal ist ideal zum Paragliden und Drachenfliegen. Bike- und Wanderrouten, Infos zu Pisten, Seilbahnen, Skiliften: *www.skigastein.com*.

ÜBERNACHTEN

DAS REGINA

Die perfekte Adresse, für alle, die es trendy mögen. Im Regina trifft sich die Kreativszene. Frisches Design gepaart mit hoher Qualität zeichnen das Haus aus, die Klientel ist hip und international. *32 Zi. | Karl-Heinrich-Waggerl-Str. 5 | Tel. 06434 2 16 10 | www.dasregina.com* | €€

WALDHAUS RUDOLFSHÖHE

Kleines, feines Hotel mit Blick über das Gasteinertal. 600 Jahre geht die Hotelgeschichte zurück, Kaiserin Sisi soll hier gepicknickt haben ... *4 Zi. | Hardtweg 1 | Tel. 06434 2 04 46 | www.rudolfshoehe.at* | €€

AUSKUNFT

GASTEINERTAL TOURISMUS

Tauernplatz 1 | Bad Hofgastein | Tel. 06432 3 39 30 | www.gastein.com

ZIEL IN DER UMGEBUNG

BAD HOFGASTEIN (140 C4) (*G7*)

Das Gasteinertal setzt sich aus drei Orten zusammen: Bad Gastein, Dorfgastein und Bad Hofgastein. Letzteres ist mit knapp 7000 Einwohnern ein lebendiger Kurort, der auch für Junge jede Menge zu bieten hat. Etwa die ● *Alpentherme (tgl. ab 9 Uhr | Eintritt ab 28,50 Euro | Sen.-W.-Wilflingplatz 1 | www.alpentherme.com)*, in deren großem Wellnessbereich man herrlich relaxen kann. Eine Gondelfahrt wert ist mittwochs das INSIDER TIPP *Gourmetfrühstück (Preis p. Person 48 Euro | Anmeldung bis Di 17 Uhr beim Gasteinertal Tourismus, siehe unten)* am Kreuzkogel – dem höchsten Gipfel der Umgebung: In einer Glaskuppel wird für Gruppen ab 5 Personen ein herrlicher Brunch serviert, den Sie mit atemberaubender Aussicht genießen. Hotels: *Alpenhaus (122 Zi. | Tel. 06432 63 56 | www.alpenhaus-gastein.at | €€€), Zum Stern (45 Zi. | Tel. 06432 84 50 | www.zumstern.com | €€)*. Restaurant: *Landgasthof Bertahof (Mi geschl. | Tel. 06432 760 80 | www.bertahof.at | €€)*. Auskunft: *Gasteinertal Tourismus (Tauernplatz 1 | Tel. 06432 3 39 30 | www.gastein.com)*

HALLEIN

(135 E4) (G3) **Aufwachsen in Hallein (20 400 Ew.) bedeutet die ständige Präsenz von Salz, Kelten und dem Lied „Stille Nacht, Heilige Nacht".**

Trotz aller Geschichtsträchtigkeit ist die Bezirkshauptstadt des Tennengaus ein beliebtes Zentrum sozialen Lebens. Kino, Bars, Restaurants, aber auch junge Kulturinitiativen sind hier beheimatet. Besonders schön: der Shabby Chic der Altstadthäuser, die von der Architektur zu Zeiten des Salzhandels geprägt sind.

SEHENSWERTES

KELTENMUSEUM

Die Kultur der Kelten und ihr Einfluss auf den Salzbergbau auf dem Dürrnberg werden mit Exponaten von europäischem Rang dargestellt. Im zweiten Stock des ehemaligen Salinenverwaltungsgebäudes von 1654 sind historische Salzgewinnung und -vertrieb anschaulich dokumentiert. *Tgl. 9–17 Uhr, Gruppen nach Anmeldung | Eintritt 7,50 Euro | Tel. 06245 8 07 83 | www.keltenmuseum.at*

Das Keltenmuseum präsentiert anschaulich die Kultur der einstigen Landesbewohner

ESSEN & TRINKEN

BRAUN CONFISERIE-PATISSERIE-CAFÉHAUS

Modernes Ambiente in altem Gemäuer. Feinste Patisserie und die besten Pralinen der Region. *So/Mo geschl. | Unterer Markt 8*

CAFÉ KURKUMA

Modernes und gemütliches Kaffeehaus mit Kaffee aus regionaler Röstung. *Tgl. ab 8.30 Uhr | Metzgergasse 9 | Tel. 06245 2 20 58 | www.cafe-kurkuma.at*

EINKAUFEN

BRENNEREI GUGLHOF

Eine der besten Schnapsbrennereien Salzburgs. Hinfahren und kosten! INSIDER TIPP Geheimtipp: der Vogelbeerschnaps. Mit Hofverkauf. *Mo–Fr 8–12 u. 13.30–18, Sa 8–12 Uhr | Henry-W.-Davis-str. 13 | Tel. www.guglhof.at*

CONCEPT BLUE

Ein Hauch Skandinavien in Hallein. Trendige Damenoutfits mit Stil; freundliche Beratung. *Mo–Fr 9–18, Sa 9–13 Uhr | Ederstr. 1 | www.conceptblue-fashion.com*

DIE GENUSSKRÄMEREI

Wenn Mutter und Sohn einen gemeinsamen Traum haben ... Feinkost aus der Region zum Sofortessen oder Mitnehmen. Für Magen und Seele. *Mo–Do 9–18, Fr 9–22, Sa 9–13 Uhr | Unterer Markt 10 | www.genusskraemerei.at*

AM ABEND

FREYSITZ

The Place to be in Hallein. Schon seit Jahrzehnten trifft man sich am Abend in dieser Bar, die mit einer Renovierung wirklich schön geworden ist. *Mi–Sa ab 18 Uhr | Matthias-Bayrhamer-Platz 10 | short.travel/sal6*

AUSKUNFT

TOURISMUSVERBAND HALLEIN/ BAD DÜRRNBERG

Mauttorpromenade 6 | Tel. 06245 8 53 94 | www.hallein.com

ZIELE IN DER UMGEBUNG

DÜRRNBERG ★ (135 E5) (*🗺 G4*)

Der Hausberg der Halleiner *(www.duerrnberg.at)* lädt zum Wandern, Radeln und Skifahren ein. Die Besichtigung des stillgelegten *Salzbergwerks (tgl., April–Okt. 9–17 Uhr, Nov.–März 10–15 Uhr | Eintritt (inkl. Keltendorf) 21 Euro | www.salzwelten.at)* ist ein Pflichttermin. Über lange Bergmannsrutschen rutscht man in die Stollen, unten geht's per Boot über den unterirdischen Salzsee. Wer online bucht, spart sich Wartezeiten. Das rekonstruierte *Keltendorf (geöffnet wie Salzbergwerk)* zeigt, wie das Volk vor 2500 Jahren lebte. Übernachten können Sie im *Wellnesshotel Kranzbichlhof (24 Zi. | Hofgasse 12 | Tel. 06245 73 77 20 | kranzbichlhof.net | €€)*.

GOLLING (135 E5) (*🗺 H4*)

Einheimische wissen: In Golling tanzt der Tennengau. Die vielen Kulturveranstaltungen und die hochwertige Küche locken Genießer von überall an. Besonders beliebt sind die *Festspiele Burg Golling (www.festspielegolling.at)*, das Essen im mit einem Michelinstern und drei Hauben gekrönten Restaurant der *Döllerers Genusswelten (So/Mo geschl. | Markt 56 | Tel. 06244 42 20 | www.doellerer.at | €€€)*, zu denen auch Hotel, Wirtshaus, Enoteca und Metzgerei gehören. Auch ganz weit vorn: das mit zwei Hauben ausgezeichnete *Gasthaus*

Adler (Di–Sa ab 17 Uhr | Markt 58 | www. adler-golling.com | €€) und die große Kuchenauswahl im *Café Maier (tgl. 7.30–19 Uhr | Markt 12)*. Auf jeden Fall einen Ausflug wert sind das *Gollinger Bluntautal*, der *Gollinger Wasserfall* und die Saunalandschaft im *Aqua Salza (tgl. ab 10 Uhr | Möslstr. 199)*. Gut schlafen und essen geht im *Bio Berggasthof Bachrain (20 Betten | Moosegg 19 | Tel. 06244 6166 | €)*.

Ein Teil der ausgezeichneten Gastrowelt Döllerers: die Vinothek

KUCHL (135 E5) (*H4*)
Der Studentenort Kuchl bietet – mit guter Verkehrsanbindung an die Stadt Salzburg – gleich zwei Naherholungsgebiete zur Entspannung: den Georgenberg und den Bürgerausee (inkl. Beachvolleyballplatz). Das *Café Kubus (tgl. ab 9 Uhr | Markt 23)* ist ein cooler Treffpunkt mit herrlichem Frühstück, das *Ya Café (Mi–Di, Sa 18.30–19, Fr 8.30–22, So 13–19 Uhr | Jadorf 20)* etwas abseits des Marktplatzes ist für seine entspannte Atmosphäre bekannt, und die *Pizzeria Imbei (tgl. 11–24 Uhr | Markt 10)* hat seit vielen Jahren die beste Pizza im Ort.

SANKT KOLOMAN (135 E5) (*H4*)
Eines der schönsten Dörfer des Landes. Es hält sich auf dem Hochplateau über dem Salzachtal, 12 km südöstlich von Hallein, auf 850 m Höhe versteckt und ist Ausgangspunkt für Wanderungen ins Tauglgebiet. Besonderer Tipp: eine Wanderung um den Seewaldsee. Hotel: *BioVitalhotel Sommerau (22 Zi. | Sommeraustr. 231 | Tel. 06241 212 | www. biohotel-sommerau.at | €€)*.

SANKT JOHANN

(141 D2) (*H6*) **Im Pongau sind die Bergfexe zu Hause. Wer trotzdem nicht auf urbane Umgebung verzichten möchte, zieht einfach in die Bezirkshauptstadt Sankt Johann (10 000 Ew.).**

Hier herrscht eine Balance zwischen Tradition und Moderne: Urige Kaffeehäuser und altbekannte Gasthäuser finden sich neben einer ausgeprägten Partymeile (Alpendorf), modernen Kaufhäusern und Shops mit veganer Kleidung. Dazu: viele Möglichkeiten für Wellness, Sport und Outdoor.

SEHENSWERTES

LIECHTENSTEINKLAMM
Rechts und links hohe Felsenwände, dazwischen tosende Wasserfälle: Die zahlreichen Klammen sind typisch fürs Salz-

burger Land. Besonders beeindruckend ist die Liechtensteinklamm. Über gut gesicherte Steige und Stege spazieren Sie durch dieses Wunder der Natur. *Aktuelle Öffnungszeiten und Eintrittspreise auf der Website | www.liechtensteinklamm.at.*

ESSEN & TRINKEN

VOGEI HÜTT'N

Auf der Speisekarte: regionale Spezialitäten und eine köstliche Auswahl an heimischen Wildprodukten. Für Kinder: kleiner Streichelzoo, Rutsche, Kletterwand und Spielhaus. *Do 18–21, Fr–So 10–21 Uhr | Hahnbaumweg 16a | Tel. 06412 20 99 | www.vogei-huettn.at |* €

EINKAUFEN

Haupteinkaufsmeile ist die Hauptstraße.Raffinierte Schokolade der *Confiserie Berger* (s. S. 89) gibt's in der Nummer 29. Werfen Sie auch einen Blick in den nahe gelegenen *Erdbär Store (Mo–Fr 9–12.30 u. 13.30–18, Sa 9–17 Uhr | Ing.-Ludwig-Pech-Str. 1 | www.erdbaer.eu)*: vegane Kleidung aus Eukalyptus – Biomode, die gut aussieht.

AM ABEND

OBERFORSTHOFALM

Bei Partyabenden mit Livemusik trifft man schon mal Ralf Schumacher oder DJ Ötzi. *Im Sommer Mo–Fr ab 15, Sa/So ab 11 Uhr | Alpendorf 12 | Tel. 06412 63 96 | www.oberforsthofalm.at*

ÜBERNACHTEN

LERCH

Familienfreundliches Haus am Ortsrand, mit Panoramahallenbad. *42 Zi. | Liechtensteinklammstr. 12 | Tel. 06412 42 51 | www.hotel-lerch.at |* €€

AUSKUNFT

TOURISMUSVERBAND SANKT JOHANN IM SALZBURGER LAND

Ingenieur-Ludwig-Pech-Str. 1 | Tel. 06412 60 36 | www.sanktjohann.com

ZIELE IN DER UMGEBUNG

SANKT VEIT UND GOLDEGG

(140–141 C–D2) *(🕮 G–H6)*

Die Salzburger Sonnenterrasse mit *Sankt Veit* und *Goldegg* (9 km bzw. 13 km südwestlich) ist wegen ihres Heilklimas bekannt. Künstlertreffpunkte sind in Goldegg das Schloss *(www.schlossgoldegg.at)* mit vielen Kursangeboten und der berühmte *Seehof (25 | Hofmark 8 | www.derseehof.at |* €€–€€€*)*.

Outdoor-Fans zieht es zum ● *Moorbadesee mit Badeanstalt (Mitte Mai–Ende Sept. 9–18 Uhr | Eintritt 4 Euro | Hofmark 9)* und den vielen Wanderwegen *(www.goldeggamsee.at)*. In Sankt Veit befindet sich das *Schaubergwerk Sunnpau (Mai–Okt. Mi/So 10–16 Uhr | Eintritt 10 Euro | www.schaubergwerk-sunnpau.at)*, eines der ältesten Bergwerke Salzburgs. Das Restaurant *Bierführer (Mo geschl. | Goldegg | Tel. 06415 8 10 20 | www.bierfuehrersalzburg.at |* €€*)* serviert Schmankerl aus der Region.

WAGRAIN (141 E2) *(🕮 H6)*

Salzburger lieben den Wagrainer Volksdichter Karl Heinrich Waggerl. Noch heute können Sie das *Waggerl-Haus (7. Jan.–Oster-So u. Christi Himmelfahrt–26. Okt. Di/Do/So 10–17 Uhr, 1. Dez.–6. Jan. tgl. 10–17 Uhr | Eintritt 4,50 Euro | Karl-Heinrich-Waggerl-Str. 1)* besuchen und in die Welt von gestern eintauchen. Das familienfreundliche *Wanderhotel Erika (26 Zi. | Haid 50 | Tel. 06413 83 73 | www.wanderhotel-erika.at |* €*)* bietet kostenlos geführte Wanderungen.

WERFEN

(141 D1) (🕮 H5) **Tropfsteinhöhlen und eine der schönsten Burgen im Salzburger Land: Werfen ist immer eine gute Idee für einen Ausflug.**

Die Gemeinde ist dank der S-Bahn von der Stadt Salzburg gut mit öffentlichen Verkehrsmitteln erreichbar.

SEHENSWERTES

EISRIESENWELT ★ ●

Mit Laterne und warmer Jacke geht es in eine faszinierende Höhle, wo riesige Eissäulen warten. Knapp über eine Stunde dauert die Reise ins ewige Eis. *Halbstündlich Führungen, tgl., Mai/Juni/Sept./Okt. 8–15.30 Uhr, Juli/Aug. 9–16.30 Uhr | Dauer 75 Minuten, Eintritt 24 Euro inkl. Bergbahn | www.eisriesenwelt.at*

ERLEBNISBURG HOHENWERFEN ●

115 m über der Salzach thront auf einem Felskegel die Festung Hohenwerfen, wie Hohensalzburg im 11. Jh. von Konrad I. erbaut. Highlight: die Greifvogelschau im Burghof. *April/Okt. Di–So 9.30–16 Uhr, Mai–Mitte Juli tgl. 9–17 Uhr, Mitte Juli/Aug. 9–18 Uhr | Mit Online-Ticket Eintritt ab 12 Euro | www.salzburg-burgen.at*

LOW BUDG€T

Mostschenke Oberhof (Do–So ab 14 Uhr | Oberhof 14 | Tel. 0664 9216266): Auf der Terrasse von Goldegg-Sankt Veit gibt es hausgemachten Apfelmost, Brettljause und selbst gebrannte Schnäpse. Günstig!

Von Juli bis Sept. kommen im Zeichen der ● *sommer.frische.kunst (www.sommerfrischekunst.de)* zahlreiche Künstler nach Bad Gastein. Ihre Werke sind an wechselnden Orten ausgestellt, kostenlos zugänglich!

ESSEN & TRINKEN

REITSAMERHOF

Etwas außerhalb gelegener Landgasthof mit bodenständiger Küche guter Qualität. *Mo/Di geschl. | Reitsam 22 | Tel. 06468 5379 | www.reitsamerhof.at |* €

FREIZEIT & SPORT

Rafting und Jetboaten in der Salzach für Einsteiger und Familien. *AOS – Absolute Outdoors Strobl (Mo–Fr 8.30–17 Uhr | Tel. 03612 25343 | www.rafting.at)*

ÜBERNACHTEN

OBAUER

Die Brüder Obauer verteidigen erfolgreich ihre vier Hauben im Restaurant. Sie führen auch ein kleines, individuell gestaltetes Hotel. *13 Zi. | Markt 46 | Tel. 06468 52120 | www.obauer.com |* €€€

AUSKUNFT

TOURISMUSVERBAND WERFEN

Markt 24 | Tel. 06468 5388 | www.werfen.at

ZIELE IN DER UMGEBUNG

BISCHOFSHOFEN (141 D1) (🕮 H6)

Die älteste Siedlung des Pongaus (10 200 Ew., 8 km südlich von Werfen) ist Skisprungfans als Austragungsort des Finales der alljährlichen Vierschanzentournee bekannt. Die ehemalige romanische *Klosterkirche* beherbergt ein einzigartiges gotisches Marmorhochgrab. Im Besucherzentrum *Geopark Erz der Alpen (tgl. 10–18 Uhr | Eintritt 7 Euro | Rosenthal 41/Schanzengelände | geoparkerzderalpen.at)* können Sie in die Welt der bunten Erze eintauchen und sich danach im Geopark auf die Spuren des Erzbergbaus begeben. Der Erzweg Kupfer etwa ist ein Wanderweg, der von Sankt

PFARRWERFEN (141 D1) *(🗺 H5)*
Eine ehemalige römische Poststation, 1074 erstmals urkundlich erwähnt. Interessant im Ort (2200 Ew., 3 km südlich von Werfen) sind die sieben unter Denkmalschutz stehenden *Mühlen (Mai–Okt. tgl. 8–19 Uhr, Fr 15–18 Uhr Mahlvorführungen | Eintritt 3,50 Euro | www.7muehlen.at)* am Hang des Abergs.

Überirdische Schönheit in unterirdischen Tunnels: das Naturschauspiel der Eisriesenwelt

Veit auf der Sonnenterrasse über Mühlbach zum Arthurhaus und dann weiter bis nach Bischofshofen und Hüttau führt – vorbei an mehreren Museen und Schaubergwerken.

HÜTTAU (141 E1) *(🗺 J6)*
Das Gewerkenhaus aus dem 16. Jh. ist heute Gemeindeamt, Gasthof und Museum zum Thema Erzabbau, der vom 13. Jh. bis 1869 in der Kupferzeche am Larzenbach betrieben wurde. *Führungen durch Museum u. Kupferzeche: tgl., Mai 14 Uhr, Juni 11, 14 Uhr, Juli/Aug. 10–16 Uhr, Sept.–Mitte Sept. 11–14 Uhr | Kombiticket 12 Euro | www.kupferzeche.at*

INSIDER TIPP **WERFENWENG**
(141 D1) *(🗺 H5)*
Der sonnenverwöhnte Ferienort 8 km östlich von Werfen am Tennengebirge (900 Ew.) hat sich dem Prinzip der sanften Mobilität verschrieben. Mit kleinen „Elois" (Elektromobil-Shuttles) werden die Sommer- und Wintergäste chauffiert, wohin und so oft sie wollen *(www.werfenweng.org)*. Schneeschuhwandern, Skifahren und Skitouren sind im Winter gute Gründe für einen Besuch der Gemeinde. Übernachten können Sie im *Travel Charme Bergresort Werfenweng (120 Zi. u. 46 Ap. | Weng 195–198 | www.travelcharme.com | €€–€€€)*

LUNGAU

In den Lungau, sagt man, hat sich die Sonne verliebt. Vielleicht gefällt ihr die Urigkeit dieser Region. Vor der Anbindung an die Tauern-Autobahn war man hier praktisch vom Rest der Welt abgeschnitten.

Und noch heute fällt auf: Im Lungau gibt es keine Ampeln und keine Leuchtreklamen entlang den Straßen, auch Handyempfang ist nicht überall Standard. Wenn Sie hier vorbeischauen, erleben Sie das Salzburger Land von seiner echtesten Seite – bei einem Urlaub, der erdet. Natürlich bedeutet diese Option zum Digital Detox nicht, dass die Lungauer auf Genuss verzichten. Einige Hotels *(www.eggerwirt.at)* haben sich auf Wellness spezialisiert – beste Kulinarik aus regionalem Anbau inklusive.

Trotz so viel Highend vergessen die Lungauer nicht das Einfache: Die bloggende Bäuerin Christina Bauer *(www.backenmitchristina.at)* etwa zeigt in Brotbackkursen, wie man einfach zu gesunden Wecken, Semmeln und Schwarzbrot kommt. Und ein niederländisches Paar hat einen alten Bauernhof liebevoll zu Apartments umgebaut, im *Dreiländerwirt (www.dreilaenderwirt.at)* schlafen Sie in wirklich uriger Atmosphäre.

Sie sehen, der Lungau hat vieles zu bieten: unangetastete Natur (Unesco Biosphärenpark), regionale Unternehmer und Internationalität, wo man sie nicht erwartet. Im Salzburger Land ist der Lungau übrigens für eine Spezialität besonders bekannt: die Lungauer „Eachtling", Kartoffeln dieser Region. Sie sind legen-

Bild: Schlierersee im Lungau

Der kühlste, aber auch sonnenreichste Bezirk Salzburgs ist ein verträumter Winkel mit eigenem Tempo – und voller Überraschungen

där, wann immer es welche zu kaufen gibt, schlagen die Salzburger zu. Sollten Sie also an einem Hof vorbeikommen, der Eachtlinge verkauft: Gönnen Sie sich ein paar Kilo!

MAUTERNDORF

(142 C4) (L8) **Aus der ältesten urkundlich erwähnten Mautstelle der Ostalpen hat sich Mauterndorf entwickelt. Mit seinen einzigartigen Giebelhäusern und der Römerstraße hat der Ort seinen ganz eigenen Charme.**

In Mauterndorf, aber auch in Tamsweg, Mariapfarr, Sankt Michael und anderen Orten des Lungaus finden *Samsonumzüge* statt. Dabei wird die Figur des biblischen Riesen Samson, von großköpfigen Zwergen begleitet, mit Musik und Tanz durch den Ort getragen. Was früher Teil der Fronleichnamsprozession war, ist heute eine Attraktion bei Sommerfesten.

Burg Mauterndorf: früher Mautstelle, heute Touristenattraktion

SEHENSWERTES

BURG MAUTERNDORF ★ ●

Die von Grund auf renovierte Burg war ehemals eine Mautstation und Sommerresidenz der Salzburger Fürsterzbischöfe. Die Burg Mauterndorf macht für Besucher die Vergangenheit lebendig und zeigt anschaulich, wie das höfische Leben vor vielen hundert Jahren abgelaufen ist – Schaukämpfe und Feuershows inklusive. *Jan. Di/Do 11–19 Uhr, Feb. Mo–Fr 11–19 Uhr, Anfang–Mitte März, Di/Do 11–19 Uhr, Mitte März–Anfang April, tgl. 11–19 Uhr, Mai/Juni tgl. 10– 18 Uhr, Juli/Aug. tgl. 9.30–18.30 Uhr, Sept./Okt. 10–18 Uhr | Eintritt mit Online-Ticket ab 5,50 Euro | Tel. 06472 74 26 | www.salzburg-burgen.at*

ESSEN & TRINKEN

MESNERHAUS

Das Gute lassen, das Abgewetzte ersetzen – hier weht ein frischer Wind. Ambitionierte, kreative Küche wird im Gourmetrestaurant serviert, Vegetarisches und Biogerichte im INSIDER TIPP *Bistro Josef und Maria*. Unbedingt reservieren! *Mo/Di geschl. | Mauterndorf 56 | Tel. 06472 75 95 | www.mesnerhaus.at | €€€*

STEFFNER-WALLNER

Auf der Speisekarte: Hausmannskost und Bachforellen. *Tgl. | Markt 90 | Tel. 06472 72 14 | www.steffner-wallner.at | €*

EINKAUFEN

INSIDER TIPP TRAUSNERS GENUSSWERKSTATT

Die Natur ist der Lieferant für die Köstlichkeiten, etwa Marmeladen oder Fruchtgeleewürfel, die Sie bei Walter und Eva Trausner erstehen können. *Mo–Fr 8–12 u. 14–18 Uhr | Steindorf 65 | www.genusswerkstatt.com*

ÜBERNACHTEN

Betriebe mit dem *Lungauer Umweltzeichen* achten auf Nachhaltigkeit und schonenden Umgang mit Ressourcen.

GUT NEUSESS

Auf dem kinderfreundlichen, mit dem Gütesiegel *Bioernte Austria* ausgezeichneten 500 Jahre alten Gut lernen Sie bäuerliche Kultur kennen. *5 Ap. | Neusess 2 | Tel. 06472 72 45 | €*

STEGMÜHLHOF

Feines Wohlfühlhotel mit Wellnessbereich und Gratisfahrradverleih. *19 Zi. | Markt 323 | Tel. 06472 74 00 | www.stegmuehlhof.com | €*

AUSKUNFT

TOURISMUSVERBAND MAUTERNDORF
Markt 52 | Tel. 06472 79 49 | www.mauterndorf.at

ZIELE IN DER UMGEBUNG

SCHLÖGELBERGER – ALMDORF IM LUNGAU (143 D5) (*M L8*)
Auf 1300 m Seehöhe finden Sie einen Gasthof und sieben voll ausgestattete Holzblockhütten – ideal als Ausgangspunkt für Wanderungen und Mountainbiketouren. Toll ist der rund 10 ha große und kostenlos zugängliche ● Wildpark, in dem Rot-, Sika- und Steinwild und sogar Alpakas zu Hause sind. *Schlögelberger 4 | Sankt Margarethen im Lungau | Tel. 06476 3 13 | www.almdorf-lungau.at*

SCHLOSS MOOSHAM ●
(143 D5) (*M L8*)
Das Schloss (13. Jh.) 3 km südlich von Mauterndorf war oft Filmkulisse (z. B. bei „Das Vermächtnis der Wanderhure"). Zu sehen sind u. a. eine Folterkammer und eine Wagenburg. *Führungen April–Okt. Di–So 10–16 Uhr jede volle Std. | Eintritt 11 Euro | www.schloss-moosham.at*

SANKT MICHAEL

(142 C5) (*M K8*) **Am Fuß des Katschbergs liegt Michö, wie die Lungauer sagen.**
Sankt Michael (3600 Ew.) ist sommers wie winters ein idealer Ferienort zum Radeln und Wandern, zum Skilaufen auf Loipen und Pisten. Kunsthistorisch interessant sind die im Mittelalter mehrmals umgebaute *Pfarrkirche* sowie die *Filialkirchen Sankt Ägydius und Sankt Martin* mit romanischen Fresken.

ESSEN & TRINKEN

METZGERSTUB'N
Gute, bodenständige Küche zu reellen Preisen, Talstation des Speiereckllifts, Sonnenterrasse. *Mo geschl. | Meixnergasse 30 | Tel. 06477 81 10 | €*

FREIZEIT & SPORT

Abwechslung bietet der *Golfclub St. Michael (Feldnergasse 165 | Tel. 06477 74 48 | www.golfclub-lungau.com)*. Mit Sesselbahnen geht es von der *Katschberg-Passhöhe* aufs *Aineck* und aufs *Speiereck*. E-Bike-Touren können Sie bei *Sport Rest (Poststr. 408 | Tel. 06472 2 00 44 40)* machen. Sie suchen das Glück der Erde auf dem Pferderücken? Reitstunden und Wanderreiten bietet das *Alpine Pferdezentrum (Katschberghöhe 421 | Tel. 0664 2 84 45 83 | Tel. 04734 2 99 11 | www.pferdezentrum-katschberg.at)*.

MARCO POLO HIGHLIGHTS

★ **Burg Mauterndorf**
Unter dem Motto „Lust auf Mittelalter" geht es in der Burg auf Zeitreise → S. 82

★ **Sankt Leonhard**
Die Wallfahrtskirche bei Tamsweg ist der bedeutendste gotische Sakralbau in den Alpen – mit Befestigungsanlage aus dem Jahr 1473 → S. 84

★ **Stollenlehrpfad**
In dem alten Bergwerk bei Ramingstein erleben Sie, wie die Bergleute im Mittelalter schuften mussten → S. 87

ÜBERNACHTEN

WASTLWIRT

Einladende Atmosphäre und breit gefächertes Angebot. *50 Zi. | Poststr. 13 | Tel. 06477 7 15 50 | www.wastlwirt.at | €€€*

AUSKUNFT

TOURISMUSVERBAND SANKT MICHAEL IM LUNGAU

Raikaplatz 242 | Tel. 06477 89 13 | www.sanktmichael.at

ZIELE IN DER UMGEBUNG

DENKMALHOF MAURERGUT

(142 B4) *(K8)*

Der typische Lungauer Einhof (13 km nordwestlich in Zederhaus) wurde von 1509 bis 1978 durchgehend bewirtschaftet. Zu sehen sind u. a. eine Mühle mit Leinstampf und ein *Troadkastn* für die Aufbewahrung der Vorräte. *Juni–Sept. Mi/So 14–17 Uhr | Eintritt 3 Euro*

LOW BUDG€T

Tonimörtlhof (7 Zi., 3 Ap., 1 Blockhaus | Bruckdorf 59 | Mariapfarr | Tel. 06473 85 83 | www.tonimoertlhof.at): nette Zimmer und Wohnungen zu äußerst günstigen Preisen im sonnig und ruhig gelegenen Bauernhof. Kleiner Streichelzoo, Reitpferde.

Skiregion Oberlungau (www.skiregion-oberlungau.at): günstige Familienskipässe und Übernachtungsmöglichkeiten in den Skigebieten Katschberg, Aineck, Speiereck und Fanningberg mit 190 Pistenkilometern.

INSIDER TIPP MURINSEL

(142 C5) *(K8)*

Im Erholungsgebiet im Fluss Mur lässt es sich herrlich im Wasser planschen, picknicken, Inline skaten, Rad fahren und wandern. An der Insel vorbei führt der 475 km lange Murradweg, der vom Lungau startet und bis nach Kroatien führt.

NATURPARK RIEDINGTAL

(142 B4) *(J7)*

Im Naturpark (19 km nordwestlich), am Ende des Zederhaustals, lernen Sie auf Themenwegen die Lungauer Fauna und Flora kennen. Im *Gasthaus Königalm (tgl. | 6 Zi. | Wald 34 | Tel. 0664 2 52 32 97 | www.naturpark-riedingtal.at | €)* gibt es Bioküche.

TAMSWEG

(143 D4) *(L8)* **Am Zusammenfluss von Mur, Taurach und Laßnitzbach liegt die Bezirkshauptstadt Tamsweg mit knapp 5600 Einwohnern.**

Auf dem Marktplatz, der von gediegenen Bürgerhäusern samt dem historischen Rathaus gesäumt ist, ist für Lungauer Verhältnisse viel los. Im Ort starten der *Lungauer Tälerbus (www.taelerbus.at)* und die *Murtalbahn (Dampfsonderzüge, Amateurfahrten: Ende Juni–Ende Sept. | Tel. 0664 8 45 13 07 | www.club760.at)*, die über Ramingstein und Murau nach Unzmarkt in der Steiermark fährt.

SEHENSWERTES

SANKT LEONHARD ★

Im Mittelalter war Sankt Leonhard eine der meistbesuchten Wallfahrtskirchen des Landes. Besonders eindrucksvoll sind die aus der Zeit des Kriegs zwischen Friedrich II. und dem Salzburger Fürsterzbischof stammende Befestigungsmauer

Erzählen Geschichten: die kunstvollen Fenster der Kirche Sankt Leonhard

(1473) sowie die goldgelb und blau verglasten Fenster.

ESSEN & TRINKEN

GOLDBRÜNDL

Das Wirtshaus ist ein beliebter Treffpunkt der Einheimischen. *Di–So ab 10 Uhr | Murgasse 19 | Tel. 0664 2 30 35 83* | €

FREIZEIT & SPORT

Tamsweg ist Ausgangspunkt für eine der schönsten Biketouren des Landes. Die 42 km lange Strecke überwindet 1250 Höhenmeter und führt an den *Prebersee* und nach *Lessach*. *www.alpintouren.com* Die gesamte Region Lungau wurde von der UNESCO als Modellregion für nachhaltige Entwicklung anerkannt. INSIDER TIPP Biosphären-Fexe oder Landschaftsvermittler führen Interessierte unter dem Gesichtspunkt der Nachhaltigkeit durch die Natur (z. B. Bettina Klarenbeek, *www.dreilaenderwirt.at*).

ÜBERNACHTEN

GAMBSWIRT

Generalsaniertes Gasthaus mit Bar und Pub. *30 Zi. | Marktplatz 5 | Tel. 06474 23 37 | www.gambswirt.at* | €€

PENSION KANDOLF

Die Pension am Hauptplatz bietet alles zum Wohlfühlen – und eine Bar mit dem Namen *Kenn i di. 25 Zi. | Tel. 06474 23 36 | www.pension-kandolf.at* | €

AUSKUNFT

TOURISMUSVERBAND TAMSWEG

Marktplatz 4 | Tel. 06474 21 45 | www.tamsweg.info

ZIELE IN DER UMGEBUNG

BURG FINSTERGRÜN

(143 E5) (*L8*)

Imposant steht die Burgruine 8 km südöstlich bei Ramingstein auf 950 m Höhe über der Mur, imposant ist der Blick über das Tal. Zu Beginn des 20. Jhs. wurde neben der Ruine eine Burg im mittelalterlichen Stil gebaut. Ein edles Hotel war in den 1920er- und 1930er-Jahren dort, wo heute die Evangelische Jugend ein Kinder- und Jugendfreizeitheim betreibt (Übernachtung für jedermann). „Finsterling" heißt der Burggeist, der durch die Räume spuken soll. *Führungen Mai–Okt. Di–So 14 Uhr und nach Anm. | Führung 8,50 Euro | www.burg-finstergruen.at*

HOCHOFENMUSEUM BUNDSCHUH (143 D5) (*L8*)

Das Industriedenkmal 12 km südwestlich von Tamsweg ist eine Eisenschmelzanlage aus dem Jahr 1867. Bis 1903 lag im Thomatal das größte Bergbaugebiet des Landes. *Mai–Sept. Mo/Mi/Fr 10–16, So 15–19 Uhr | Eintritt 8 Euro | Bundschuh 17 | www.hochofen-bundschuh.at*

KRAMETERHOF (143 D5) (*L8*)

Auf dem 9,5 km südöstlich von Tamsweg auf 1500 m Höhe gelegenen Einödhof wurde vom Visionär Sepp Holzer die bislang einzige funktionierende Permakultur Europas aufgebaut. Hier wird nach der Philosophie gearbeitet, die Natur zu begreifen und nicht zu bekämpfen: *Permanent Agriculture* steht für das harmonische Zusammenleben von Bauer, Pflanzen und Tieren. Neben Fichten und Legföhren wachsen Kirsch-, Marillen- und sogar Zitronen- und Kiwibäumchen. *Keusching 13 | Ramingstein | Seminarangebote, Anmeldung Tel. 06475 239 | www.krameterhof.at*

LESSACH (143 D4) (*L7*)

Mit knapp 600 Einwohnern ist Lessach (8 km nördlich von Tamsweg) eines der kleinsten und am höchsten gelegenen Bergbauerndörfer des Landes. Auf dem einmaligen *Friedhof* sind alle Gräber mit *Sarchen* (schwarzen Brettern) eingefasst und mit einfachen Kreuzen geschmückt. Damit wird sinnbildlich zum Ausdruck gebracht, dass der Tod weder nach Rang noch nach Namen unterscheidet.

MARIAPFARR (143 D4) (*L8*)

Um ungestört neue Kraft zu tanken, eignet sich der heilklimatische Kurort (2400 Ew., 6,5 km nordwestlich von Tamsweg) allein schon wegen seiner Lage auf 1120 m. Zugleich ist er einer der sonnenreichsten Orte Österreichs. 4,5 km entfernt, im nördlich gelegenen *Göriachtal*, finden sich typische Lungauer Almen. Ergänzend zu den Erholungsfaktoren, die Sonne und Höhenlage bieten, genießen Sie im *Vital- und Wellnesscenter Samsunn (Winter tgl. 14–22, Sommer Mo–Sa 15–21 Uhr | Eintritt 13,70 Euro)* die wohltuende Wirkung des Wassers. Moderner und umfangreicher Spa-Bereich mit verschiedenen Saunen und Dampfbädern. Das Hotel *Örglwirt (20 Zi. und 12 Ap. | Pfarrstr. 18 | Tel. 06473 8207 | www.oerglwirt.com | €–€€)* ist auf Wellness und Fitness spezialisiert und wurde für seine Vollwertküche mit einer grünen

Haube ausgezeichnet. Ebenfalls empfehlenswert: der historische *Biobauernhof Suppangut (Pichl 10 | Tel. 06473 82 69 | €–€€).*

INSIDER TIPP PREBERSEE
(143 E4) (*L–M7*)

Das gibt es nur im Lungau: Das Wasser des Prebersees hat eine einzigartige Oberflächenspannung, die Objekte abprallen lässt. Diese Eigenschaft wird zum traditionellen Preberschießen genutzt: Zielscheiben sind über dem Wasser angebracht und spiegeln sich darin. Der Schütze visiert die Spiegelbilder der Scheiben an, das Geschoss prallt am Wasser ab und trifft ins Schwarze. Dieses Phänomen begeistert auch internationale Gäste, viele, darunter Walt Disney – so erzählt man es sich zumindest im Lungau –, haben versucht, auf anderen Seen das Schießen zu kopieren, ohne Erfolg.

RAMINGSTEIN (143 D5) (*L8*)

Wo vom 15. bis 18. Jh. Silber abgebaut wurde, kann man heute auf einem 900 m langen ★ *Stollenlehrpfad (Führungen Mai–Okt. nach Anmeldung | Eintritt 11,50 Euro (für Kinder ab 4 Jahren geeignet) | Tel. 06474 22 96 | www.silberbergwerk.net)* den mittelalterlichen Bergbau kennenlernen. Besucher erhalten Schutzjacke, Helm und Karbidlampe. Festes Schuhwerk und strapazierfähige Kleidung sind notwendig. Zum Essen geht's ins *Dorfwirt Bräu (Mo geschl. | Kirchtratten 70 | Tel. 06475 3 03 | €). 8 km südöstlich von Tamsweg*

SAUERFELD (143 E4) (*M8*)

Der kleine Ort, 4,5 km östlich von Tamsweg gelegen, hat eine lange Webtradition. So besteht die *Handweberei Pirkner (Führung nach Anmeldung bei Rosalinde Küstner | Tel. 0676 3 70 30 86)*, als Sauerfelder Weberei bekannt, bereits seit mehr als 600 Jahren. Heute werden hier neben Möbelstoffen vor allem Bauernleinen und Bauernraß (ein Wolle-Leinen-Gemisch) hergestellt. Im Wollstadl auf dem *Trimmingerhof (Di 18–20, Sa 9–12 Uhr | Sauerfeld 40 | Tel. 06474 81 64)* lernen Sie die Techniken der Wollverarbeitung kennen, können Wollkleidung sowie Käse, Schnaps, Tee und Marmeladen in Bioqualität kaufen.

Der Prebersee ist ein Ort der Ruhe – sofern nicht gerade das Preberseeschießen stattfindet

PINZGAU

Der Pinzgau bietet mit seinen Dreitausendern, Gletschern, Grasbergen, tiefen Tälern und klaren Gebirgsbächen landschaftliche Höhepunkte. Möglichkeiten für sportliche Aktivitäten sind hier ebenso garantiert wie Naturerlebnisse.

Das Leben in Salzburgs größtem Bezirk ist von den Bergen geprägt, Kultur- und Naturlandschaft ergänzen sich in vorbildlicher Weise, und alte Traditionen treffen auf moderne Zeiten. Alles ist möglich: Wandern im Nationalpark Hohe Tauern, Mountainbiken zu den Almen, Bergsteigen auf einen Dreitausender oder Geocaching. Wildwassersport auf der Saalach sorgt für Abenteuer – und ruhigere Naturelle schwimmen im Zeller See oder erfreuen sich an jeder Menge Naturschauspiele.

LOFER

(134 B5) (🗺 E4) **Lofer (1950 Ew.) ist von Wiesen und Bergen umgeben.**

Locals kommen wegen der vielen Klettersteige. Toller Ausflugstipp vor allem für Familien: das noch recht unbekannte Skigebiet *Almenwelt Lofer*.

ESSEN & TRINKEN

GRUBHOF

Das rustikale Wirtshaus mit gutbürgerlicher Küche liegt neben dem Campingplatz im 3 km entfernten Sankt Martin. *Mo, Mi–Sa ab 17, So 11–23 Uhr | Sankt Martin 39 | Tel. 06588 82370 | www.grubhof.com* | €

 Bild: Murmeltier in den Hohen Tauern

Perfekt für Klettern, Wandern und Wassersport: Dreitausender, Gletscher, Grasberge, Gebirgsbäche – was für eine Landschaft!

EINKAUFEN

BERGER FEINSTE CONFISERIE
Hier wird Verführung in Form von Pralinés, Trüffeln oder Biovollkornkeksen geschaffen und verkauft. *So geschl. | Schokoladenweg 1 | www.confiserie-berger.at*

ÜBERNACHTEN

BAD HOCHMOOS
Zwischen Lofer und Sankt Martin gelegenes freundliches Haus mit Restaurant. Außerdem ganzjährig im Angebot: Moorpackungen u. a. gegen chronische rheumatische Beschwerden. *59 Zi. | Wildmoos 3 | Tel. 06588 8226 | www.hochmoos.at* | €–€€

AUSKUNFT

SALZBURGER SAALACHTAL TOURISMUS
Lofer 310 | Sankt Martin bei Lofer | Tel. 06588 8321 | www.lofer.com Fürs Geocaching, die moderne Form der Schnit-

Die Faszination der Natur erleben: Nationalparkzentrum Hohe Tauern

zeljagd in der Natur, verleiht das Büro kostenlos GPS-Geräte. An einem Terminal können verschiedene Touren heruntergeladen werden.

ZIELE IN DER UMGEBUNG

UNKEN (134 B5) (*E4*)

In der Umgebung des Orts (1900 Ew., 9 km nordöstlich) finden sich spektakuläre Schluchten wie die *Innersbach-* oder die *Schwarzbergklamm*. Ein Eldorado für Wildwasserabenteuer auf der Saalach ist das *Base Camp (Hallenstein 25 | Tel. 06508 72353 | www.base-camp.at)*. Im dazugehörigen Hochseilgarten können Sie Ihre Schwindelfreiheit unter Beweis stellen. Das *Heimatmuseum Kalchofengut (Mai–Okt. Fr 16–21 Uhr | Eintritt 5 Euro | www.kalchofengut.at)* zeigt bäuerliches Kulturgut und archäologische Funde.

WEISSBACH BEI LOFER

(134 B6) (*F5*)

Spannende geführte Wanderungen bietet der INSIDER TIPP *Naturpark Weißbach (www.naturpark-weissbach.at)* (9,6 km südlich). Wer Anstiege nicht scheut, auf den warten unzählige Kilometer an Mountainbikestrecken. Der INSIDER TIPP *Themenweg Walden* informiert über den Lebensraum Wald. *www.weissbach.at*

MITTERSILL

(139 D3) (*D7*) **Der größte Ort (5400 Ew.) des Oberpinzgaus. Schon zur Römerzeit führte ein Weg über den Felbertauern nach Norden.**

Bereits im 16. Jh. besaß *Mittersill* eine Schule, die Bürgerhäuser mussten oft Hochwasser der Salzach aushalten.

SEHENSWERTES

FELBERTURM

Im Wehrturm aus dem 12. Jh. wurde ein Regionalmuseum mit der vielseitigsten und größten Sammlung aus der Nationalparkregion eingerichtet. *Mai–Okt. Sa/So 13–17 Uhr, Juli–Sept. zusätzlich Di–Fr 10–17 Uhr | Eintritt 5 Euro*

NATIONALPARKZENTRUM HOHE TAUERN ★

Die Erlebnisausstellung *Nationalparkwelten* führt ihre Besucher in interaktiv gestalteten Naturräumen durch die faszinierende Landschaft des Nationalparks

Hohe Tauern, die Sie etwa aus der Adlerflugperspektive oder aus der Sicht eines Murmeltierbaus erleben können. Die „360°-Nationalparkwelt" bietet mit einem atemberaubenden Panoramafilm einen plastischen Eindruck der Berge. Lust aufs Wandern im Hochgebirge bekommen? Hier können Sie einen Ranger als Begleitung buchen. *Tgl. 9–18 Uhr | Eintritt 10 Euro | Gerlosstr. 18 | www.nationalparkzentrum.at*

ESSEN & TRINKEN

BRÄURUP

Typischer Gasthof mit Gastgarten, eigener Brauerei, Hausmannskost und internationalen Gerichten. *Tgl. | Kirchgasse 9 | Tel. 06562 6 21 60 | www.braurup.at* | €€

HAUS AM TEICH

Ziemlich eigenwilliges Restaurant: Serviert wird Regionales, international zubereitet, etwa Tauernlamm-Haxe in indischer Sauce mit Basmatireis und feurigem Ratatouille. *Mo geschl. | Gerlosstr. 14b | Tel. 0664 3 91 17 74 | www.haasamteich.at* | €€–€€€

FREIZEIT & SPORT

Paragliding *(www.flugschule-pinzgau.at)*; *Golfclub Mittersill-Stuhlfelden (Tel. 06562 57 00 | www.golfclub-mittersill.at)* mit 18-Loch-Anlage; Fischen (Fliegenfischerschule): *Gasthof Bräurup (Tel. 06562 62 16)*. Mittersill ist Ausgangspunkt für Trekking-, Bike- und Radtouren.

ÜBERNACHTEN

KINDERHOTEL FELBEN

Kinderfreundliches Hotel am Ortsrand mit Biobauernhof und komfortablen Zimmern. *44 Zi. | Felberstr. 51 | Tel. 06562 44 07 | www.felben.at* | €€–€€€

SCHWAIGERLEHEN-BERNGARTEN

(Bio-)Bauernhof aus dem 15. Jh., liebevoll von der charmanten Gastgeberin geführt, die auch eine vorzügliche Köchin ist. Rauchküche mit offenem Feuer. Zur Dusche geht's allerdings über die Stiege. 4 km vom Ortskern entfernt. *5 Zi. | Schwaigerlehen 14 | Tel. 06562 51 18* | €

AUSKUNFT

TOURISMUSVERBAND

Stadtplatz 1 | Tel. 06562 42 92 | www.mittersill-tourismus.at

ZIELE IN DER UMGEBUNG

HOLLERSBACH (139 D3) *(D7)*

In Hollersbach (1200 Ew., 5 km westlich) baute einst Yves Rocher auf 1,5 ha Fläche jährlich etwa 2,5 t Kräuter an, u. a. Ringelblumen, Malven und Arnika. Noch heute ist der *Botanische Garten* mit mehr als 700 Kräuterarten ein beliebtes Ziel für Gartenfreunde. Der *Bienenlehrpfad* gibt Einblicke in das Leben der Insekten, Ab-

MARCO POLO HIGHLIGHTS

★ Nationalparkzentrum Hohe Tauern
Das Infozentrum inspiriert zu Touren in die alpine Wunderwelt → S. 90

★ Krimmler Wasserfälle
Tosen, Toben, Rauschen, Dröhnen: Der höchste Wasserfall Mitteleuropas ist ein grandioses Naturschauspiel → S. 92

★ Großglockner-Hochalpenstraße
Das Straßenbauwerk führt (fast) auf Österreichs höchsten Berg → S. 99

kühlung bietet der Naturbadesee (mit Abenteuerspielplatz). Übernachten können Sie im *Erholungshotel Kaltenhauser (28 Zi. | Hollersbach 17 | Tel. 06562 81170 | www.kaltenhauser.com | €–€€).*

KRIMML (138 B4) *(🕮 B7)*

Die ★ *Krimmler Wasserfälle (April–Okt., übrige Jahreszeit auf eigene Gefahr | Eintritt 3 Euro)* stürzen in drei Stufen 380 m ins Tal. Sie ziehen seit dem 18. Jh. Besucher an. In den ● *Wasserwelten Krimml (Mai–Okt. tgl. 9–17 Uhr | Eintritt 9,40 Euro)* am Fuß der Wasserfälle wird das Element Wasser anschaulich begreifbar gemacht. Im INSIDER TIPP „Speckdorf" in Wald im Pinzgau gibt es Speck- und Wurstspezialitäten, Schnaps, Öl sowie feinen Honig zu kaufen *(www.speckdorf.at).*

Krimml ist Ausgangspunkt für Bergtouren in die Venediger- und die Reichenspitzgruppe (Zillertaler Alpen). Wanderungen zum Krimmler Tauernhaus und ins Wildgerlostal zählen zu den schönsten Touren Salzburgs *(www.krimmler-tauernhaus.at).* Apartments: *Landhaus Rosengartl (Oberkrimml 16 | Tel. 06564 7228 | €).* Auskunft: *Tourismusverband Krimml (Tel. 06564 72390 | www.krimml.at)*

Grandioses Wasser- und Lichtspiel an den Krimmler Wasserfällen

NEUKIRCHEN AM GROSSVENEDIGER (138 C3) *(🕮 C7)*

Bekannt ist der Ort (2500 Ew., 17 km südwestlich) seit der Erstbesteigung des Großvenedigers (3666 m) im Jahr 1841. Er ist Ausgangspunkt für Wanderungen in die *Sulzbachtäler* und in das *Habachtal,* eine der wenigen Smaragdfundstellen Europas. Im Winter herrscht Skizirkus auf dem *Wildkogel* (2224 m).

Das historische *Kupferbergwerk Hochfeld (Führungen Mai–Mitte Okt. | Führung (2 Std.) 10 Euro | Zufahrt mit Nationalparktaxi | Tel. 0664 2313108)* kann bei einer Führung besichtigt werden (anmelden!).

Es ist eines der originellsten und größten Schaubergwerke (mit 1200 m langem Stollen).
Das autofreie *Naturdorf Oberkühnreit (Tel. 0664 1045615 | www.naturdorf-neukirchen.at | €–€€)* mit Schwimmteich und Sauna liegt hoch über dem Salzachtal auf dem sonnigen Bergrücken des Wildkogels: acht Hütten inmitten herrlicher Ruhe.

UTTENDORF (139 E3) (*G7*)

Die Gemeinde (2900 Ew., 8 km östlich) am Ausgang des Stubachtales war bereits in der Bronzezeit ein Siedlungsplatz. 500 Urnengräber aus der Hallstattzeit wurden hier gefunden. Schon damals beliebt, gefällt der Ort auch heute noch vielen. Übernachten können Sie im *Teglbauernhof (Teglweg 2 | Schwarzenbach | Tel. 0664 4015869 | www.teglbauer.at | €)*, einem Bioparadies mit echtem Bauernhoffrühstück, Tieren zum Füttern, Streicheln und Pflegen, Fisch- und Badeteich.
Die *Gletscher- und Skiwelt Weißsee (Tel. 06563 20150 | www.gletscherwelt-weissee.at)* bietet sich als hochalpines Erlebnis für die ganze Familie an: Es locken 20 km Pisten auf 1480 bis 2600 m Höhe für Skifans.

RAURIS

(140 C3) (*G7*) **Vor einigen Jahrzehnten hätten Sie bei einem Besuch in Rauris (3100 Ew.) noch Goldgräber getroffen. Der Ort war für seine Schätze bekannt. Heute können Sie selbst Ihr Glück versuchen – ein wenig Goldstaub finden Sie bestimmt!**
Bei den *Rauriser Literaturtagen* im März finden sich Dichter und Schriftsteller zu Lesungen in Wirtshäusern und Bauernstuben ein.

ESSEN & TRINKEN

ANDRELWIRT

Der über 500 Jahre alte Gasthof ist bei Gästen und Einheimischen beliebt. Gute bodenständige Küche. *Tgl. | Dorfstr. 19 | Tel. 06544 6411 | www.andrelwirt.com | €–€€*

LANDGASTHAUS WEIXEN

Müde Wanderer belohnen sich hier mit selbst gebrautem Bier, Fisch- und Wildgerichten. *Mo geschl. | Seidlwinklstr. 114 | Tel. 06544 6437 | www.weixen.at | €€*

FREIZEIT & SPORT

GOLDWASCHEN

Der Goldbergbau im Rauriser Tal hat große Tradition. An den drei Goldwaschplät-

LOW BUDG€T

Rudolfshütte (72 2- und 4-Bett-Zimmer, Hüttenschlafräume | Tel. 06563 8221 | zu erreichen mit der Weißsee-Seilbahn | www.alpinzentrum-rudolfshuette.at): ideales Hotel für bergbegeisterte Familien auf 2315 m fast am Rand des Weißseegletschers. Indoor-Kletterwand, Hallenbad, günstige Pauschalangebote.

Beim *Naglbauer (3 Zi. und 1 Ferienwohnung | Rohrerberg 36 | Piesendorf | Tel. 06549 7557 | www.naglbauer.at)* wohnt man sehr günstig und hat eine unbezahlbare Fernsicht. Im Sommer Wanderungen, im Winter Funpark Nagelköpfel und Europa-Sportregion Zell am See–Kaprun. Doppelzimmer im Sommer ab 42 Euro, im Winter ab 58 Euro.

zen *Bodenhaus*, *Heimalm* oder *Sportalm* werden Sie mit fachkundiger Anleitung schnell zum „Schatzsucher". *Auskunft: Tourismusverband Rauris (Tel. 06544 2 00 22 | www.raurisertal.at)*

ÜBERNACHTEN

HOTEL ALPINA

Charmantes Hotel in zentraler Lage. Ein römisches Hallenbad lädt zum Schwimmen ein.*54 Zi. | Marktstr. 4 | Tel. 06544 6 56 20 | www.hotel-alpina-rauris.at* | €€

HAUS UNTERREIT

Kleiner gemütlicher Biobauernhof in unberührter Natur. Hier können Sie aktiv am Bauernhofleben teilnehmen. *3 Zi. | Seidlwinklstr. 38 | Tel. 06544 64 32 | www.unterreit.at* | €

PINZGAUER HOF

Familiengasthof mit Bauernhof. Es gibt Ponys, Kleintiere und eine Heuhütte. *12 Zi. | Hundsdorfstr. 10 | Tel. 06544 63 83 | www.pinzgauerhof.com* | €

AUSKUNFT

RAURIS TOURISMUS GMBH

Sportstr. 2 | Tel. 06544 2 00 22 | www.raurisertal.at

ZIELE IN DER UMGEBUNG

KOLM-SAIGURN (140 C5) (*G8*)

Wo bis Anfang des 20. Jhs. noch nach Gold geschürft wurde, führt ein Rundwanderweg an alten Stollen und Knappenhäusern vorbei (Aufstieg 4 Std.). Die kleine Siedlung (20 km südlich) ist Ausgangspunkt für Touren auf den *Sonnblick* (3105 m) mit der ältesten Gipfelwetterwarte der Alpen. In jahrtausendelanger Arbeit hat sich die Rauriser Ache den Weg durch den Kalkschiefer gebohrt – und schuf die heutige *Kitzlochklamm (Mai–Sept. tgl. 8–18 Uhr | Eintritt 6 Euro | www.kitzlochklamm.at)*.

WÖRTH (140 C5) (*G7*)

In der Erlebnisausstellung im Nationalparkhaus „Könige der Lüfte" *(Mai–Okt. tgl. 10–18 Uhr | Eintritt 5 Euro | Dorfstr. 27 | Tel. 06562 4 08 49 33 | www.hohetauern.at)* erfahren Sie viel über das Leben der Steinadler, Gänse- und Bartgeier – der größten Vögel der Alpen. Im „Tal der Geier", dem Krumltal, können Tierliebhaber die mächtigen Vögel dann später live beobachten.

SAALBACH-HINTERGLEMM

(139 E2) (*E6*) **Saalbach-Hinterglemm (2900 Ew.) zählt zu den beliebtesten Skiregionen Österreichs.**

Das liegt nicht zuletzt am hohen Spaßfaktor beim Après-Ski. 55 Seilbahn- und Skiliftanlagen führen zu 200 km Pisten.

ESSEN & TRINKEN

ALPEN-KARAWANSERAI

Modernes Design-Hotel mit großzügigem Spabereich, im Gourmetrestaurant treffen sich Orient und Alpen, auch im Herbst und Frühling geöffnet. *Tgl. | Dorfstr. 222 | Tel. 06541 64 97 | www.alpen-karawanserai.at* | €€€

EINKAUFEN

Auf dem Wochenmarkt verkaufen lokale Produzenten ihre Schmankerln: Vorbeischauen, kosten, kaufen! *Apr.–Okt. Fr 8–12.30 Uhr*

Erst hinauf zur Schussfahrt, dann hinein ins Après-Ski: Saalbach-Hinterglemm

FREIZEIT & SPORT

INSIDER TIPP BAUMZIPFELWEG

Am Talschluss von Saalbach-Hinterglemm bietet die maximal 42 m hohe Holzkonstruktion phantastische Ausblicke auf die Wipfel der Bäume und die umgebenden Berge. Von der Endstation des Talschlussbummelzugs geht es auf die Lindlingalm, wo der rund 1 km lange Weg mit einer 200 m langen Hängebrücke, der „Golden-Gate-Brücke der Alpen", startet. *Mai–Okt. tgl. 9.30–18 Uhr, Mitte Dez.–Ende März 11–21 Uhr | Eintritt 9 Euro | www.baumzipfelweg.at*

AM ABEND

Zum Après-Ski laden zahlreiche Bars und Diskos ein, wie z. B. der *Tanzhimmel (Dorfstr. 140)*, das *Stamperl (Schustr. 29)* und *Bauer's Schi-Alm (Skiliftstr. 542)*. In Hinterglemm (139 E2) (*E6*) haben *Goaßstall (Reiterkogelweg 491)* und *Hexenhäusl (Zwölferkogelweg)* bis weit nach Mitternacht geöffnet.

ÜBERNACHTEN

ALPINE PALACE

Für Luxusfans: Hotel mit großzügiger Wellnesslandschaft, Sole-Freischwimmbad inklusive, und Skischule. Stilvolles, gemütliches Ambiente. *120 Zi. | Reiterkogelweg 169 | Tel. 06541 63 46 | www.hotel-alpine-palace.com* | €€–€€€

DER UNTERSCHWARZACHHOF

Das ehemalige Jagdhaus des Salzburger Erzbischofs bietet familiäre Atmosphäre, edles Interieur und ein Alpen-Spa. Im Restaurant kommt Kulinarisches aus Produkten des eigenen Biohofs auf den Tisch. *18 Zi. und 20 Suiten | Schwarzacherweg 40 | Tel. 06541 66 33 | www.unterschwarzach.at* | €€–€€€

AUSKUNFT

TOURISMUSVERBAND SAALBACH-HINTERGLEMM

Glemmtaler Landesstr. 550 | Tel. 06541 68 00 68 | www.saalbach.com

SAALFELDEN

(140 B1) (🕮 F5) **Als Einkaufszentrum des Pinzgaus hat die junge Stadt Saalfelden (15 800 Ew.) ganzjährig Saison.** Zum Jazzfestival Ende August genießen Musikfans beste Töne in ungewöhnlichen Locations *(www.jazzsaalfelden.com)*.

SEHENSWERTES

MUSEUM SCHLOSS RITZEN

Im Schloss Ritzen fasziniert neben dem Biberghirsch, einer keltischen Plastik aus dem 1. Jh. v. Chr., vor allem die Krippenschau. *11–17 Uhr, Jan./Feb./Mai/Okt./*

Klassisches Postkartenmotiv: die Pfarrkirche in Dienten am Hochkönig

Dez. Do–So, Juni–Sept. Di–So | Eintritt 5,50 Euro | www.museum-saalfelden.at

ESSEN & TRINKEN

BRANDLWIRT

Lokalkolorit: urig eingerichtes Lokal mit typisch österreichischer Küche. *Mo/Di geschl. | Ritzenseestr. 1 | Tel. 06582 7 24 60 | www.brandlwirt.at* | €€

STADTCAFÉ SAALFELDEN

Große Auswahl an Frühstück und jede Menge Burger, auch vegan. *Mo–Do, So 10–24, Fr/Sa 10–2 Uhr | Lofererstr. 38 | Tel. 06582 2 04 62 | www.stadtcafesaalfelden.at* | €

EINKAUFEN

Gute Schnäpse hat die Edelbrennerei von *Siegfried Herzog (Breitenbergham 5 | www.herzogdestillate.at)*. Wochenmarkt am Rathausplatz *(Fr 8–12.30 Uhr)*.

FREIZEIT & SPORT

Von *Maria Alm* (5 km östlich) aus überqueren geübte Wanderer auf einer schönen, aber anstrengenden Tour in rund zehn Stunden den größten Gebirgsstock der Berchtesgadender Alpen und erreichen Bayern bei St. Bartholomä am Königssee. Am Samstag nach dem Bartholomäustag am 24. August wallfahren jedes Jahr etwa 2000 Menschen auf dieser Strecke wegen eines Gelöbnisses aus dem 17. Jh.: Pinzgauer, die die Pest überlebten, pilgerten zum Dank nach St. Bartholomä. *www.alpintouren.com*

AM ABEND

Im *Kunsthaus Nexus (Am Postplatz 1)* gibt's Musik, Kunst und ein cooles Café. Einheimische treffen sich gern im *Milwaukee (Loferer Str. 18)*. Daneben locken Bars, Pubs und Tanzcafés.

ÜBERNACHTEN

GASTHOF OBERBIBERG

Sehr gepflegtes Haus, familiäre Atmosphäre, etwas außerhalb. Mit Sauna. *15*

Zi. | Kehlbach 2 | Tel. 06582 741 50 | www.oberbiberg.at | €

MAMA THRESL

Das stylische Hotel lockt auch Locals zum leckeren Abendessen. Besonders cool: die Kletterwand an der Hausmauer. *50 Zi. | Sonnberg 252 | Tel. 06583 208 00 | www.mama-thresl.com | €€–€€€*

AUSKUNFT

SAALFELDEN-LEOGANG-TOURISTIK

Mittergasse 21a | Tel. 06582 706 60 | www.saalfelden-leogang.com

ZIELE IN DER UMGEBUNG

DIENTALM (141 D2) (*F6 H6*)

Die Dientalm belohnt brave Wanderer nicht nur mit Biokost, sondern lässt Gäste auch hinter die Kulissen schauen. Beim „Tag der offenen Stalltür" erfahren viele Kinder zum ersten Mal, dass Kühe nicht lila sein müssen. Im Winter wird die Alm zur Selbstversorgerhütte, die Sie mieten können. *Mühlbach am Hochkönig 130 | Tel. 06467 73 42 | www.dientalm.at | €*

LEOGANG (140 A1) (*F5*)

Wo man früher im Bergwerk schuftete, liegt der Erholungs- und Funfaktor heute weit über dem Durchschnitt des Landes. Die 7 km westlich von Saalfelden gelegene Gemeinde (3000 Ew.) umfasst viele kleine Orte. Die Gegend ist ideal zum Wandern, Radfahren und Biken *(www.bikepark-leogang.com)*. *Bergbaumuseum (www.museum-leogang.at)* und *Schaubergwerk (Ende Mai–Ende Okt. Di–So 10–17 Uhr | Eintritt 9,50 Euro | www.schaubergwerk-leogang.com)* geben Einblicke in die Arbeitswelt von gestern.

Der *Krallerhof (100 Zi. und 21 Luxussuiten | Tel. 06583 82 460 | www.krallerhof.com | €€–€€€)* bietet Schwimmbad, Spa und einen großzügigen INSIDER TIPP Kinderbetreuungsbereich mit Kino, der *Sinnlehenhof (8 Zi. | Hirnreit 8 | Tel. 06583 84 38 | www.sinnlehenhof.de.vu | €)* ist ein Biobauernhof in den Leoganger Steinbergen.

Auf dem *Asitz (erreichbar mit Bergbahn Leogang tgl. 9–16.30 Uhr | www.saalfelden-leogang.com)* befinden sich Österreichs höchstgelegenes Museumsrestaurant und Europas höchstgelegenes Brauhaus.

Wer das Abenteuer sucht, der kann mit einer der schnellsten und längsten Stahlseilrutschen der Welt, dem INSIDER TIPP *Flying Fox XXL (9.30–16 Uhr, März–Mitte April Sa/So, Mitte Mai–Juni u. Mitte Sept.–Mitte Okt. Do–So, Juli–Mitte Sept. tgl. | Ticket inkl. Bergfahrt: 79 Euro | Hütten 39 | www.flying-fox-xxl.at)*, mit bis zu 130 km/h talwärts sausen.

ZELL AM SEE

(140 A2) (*F6*) **Zell am See (10 000 Ew.) ist die Bezirkshauptstadt des Pinzgaus und als solche im Mittelpunkt des Geschehens: Vom Westen grüßt das Kitzsteinhorn, von Osten das Steinerne Meer und im Rücken liegen die Pinzgauer Grasberge.**

Das Highlight in Zell am See? ● Ein Tag im Schnee – und dann in den See! Der Gletscher am Kitzsteinhorn hat bis Juli Saison und inspiriert bis in den Sommer die letzten Skifahrer zur Abfahrt. Statt Après-Ski geht's nach der Skitour allerdings an den Zeller See.

Der Dampfnostalgiezug *Pinzgauer Lokalbahn (Juni–Okt. Do u. So | Tel. 06562 406 00 | www.pinzgauerlokalbahn.at)* fährt Gäste zu den *Krimmler Wasserfällen* (s. S. 92). Das Naturspektakel sieht nicht nur imposant aus, sondern kühlt dank der Gischt auch an heißen Tagen.

SEHENSWERTES

ZELLER SEEZAUBER

Grandioses Spektakel am See, jedenfalls in der warmen Jahreszeit: Wenn es dunkel wird, beleuchtet eine Lasershow der Sonderklasse den Zeller See – der Eintritt ist frei. *Di/Do/So Mai/Juni, Juli/Aug. 22 Uhr, Sept./Okt. 21 Uhr | www.zellamsee-kaprun.com*

ESSEN & TRINKEN

SCHLOSS KAMMER

Traditionsreiches Landgasthaus in einem Gutshof, großes Angebot an heimischen Gerichten. *Hauptsaison tgl., Zwischensaison Mo geschl. | Kammererstr. 22 | 5,5 km vom Zentrum, in Maishofen | Tel. 06542 68 20 20 | www.schlosskammer.at | €€*

DER SONNBERG

Elegantes Restaurant mit guter internationaler und regionaler Küche. Grandioser Blick auf See und Bergwelt. *Winter tgl. geöffnet, sonst Mi geschl. | Sonnbergstr. 57 | Tel. 06542 72184 | www.der-sonnberg.co.at/ | €€€*

STEINERWIRT 1493

Im „Kulturwirtshaus" finden Einheimische und Gäste bei altösterreichischer Küche zusammen; Autorenlesungen, Kleinkunst, Zitherabende. *Tgl. 11–22 Uhr | Dreifaltigkeitsgasse 2 | Tel. 06542 725 02 | www.steinerwirt.com | €€*

FREIZEIT & SPORT

Eine Seilbahn führt auf die 1968 m hohe *Schmittenhöhe (www.schmitten.at)*, Ausgangspunkt für eine Wanderung über die Pinzgauer Grasberge. Der Zeller See lädt zum Schwimmen, Surfen und Segeln ein oder zu einer Bootstour ans Südufer nach *Thumersbach*. Kleiner Höhenflug mit wunderbarem Ausblick gefällig? Die *Flugschule Zell am See (www.flugschule-zellamsee.at)* bietet Schnupperkurse im Segelfliegen.

AM ABEND

Nach dem Skifahren geht's zum Feiern: In der *Pinzgauer Diele* geht es hoch her, ebenso in der coolen *Rockbar,* oder im *Insider*. Fans von Blues, Rock und Reggae zieht es in den *Hirschenkeller*. Die INSIDER TIPP *Wunderbar (Esplanade 4–6)* auf dem Dach des Grand Hotels trägt ihren Namen zu Recht! Im nahe gelegenen Kaprun stoßen Sie in der *Baumbar* oder in der Bar *Kitsch und Bitter* an.

ÜBERNACHTEN

HAGLEITNER

Familienhotel, das zu den besten Österreichs zählt. *45 Zi. u. 2 Suiten | Karl-Flieher-Str. 1–3 | Tel. 06542 57187 | www.kinderhotelzellamsee.at | €€€*

LIVING MAX

Lässig-luxuriöses Designhotel mit Wellness- und Kinderangebot sowie Weinbar. *40 Zi. | Hafnergasse 4 | Tel. 06542 723 03 | www.livingmax.at | €€*

INSIDER TIPP MAVIDA

Wohltuend hebt sich das sehr gut geführte Design- und Spahotel vom regional üblichen Landhotelstil ab. Reduzierte, anspruchsvolle Ausstattung mit Holz und Stein. *47 Zi. | Kirchenweg 11 | Tel. 06542 5410 | www.mavida.at | €€€*

AUSKUNFT

FREMDENVERKEHRSVERBAND ZELL AM SEE

Brucker Bundesstr. 1a | Tel. 06542 770 | www.zellamsee-kaprun.com

ZIELE IN DER UMGEBUNG

GROSSGLOCKNER-HOCHALPENSTRASSE ★ (140 A–B 3–5) (🗺 F7–8)

Die Straße von 1935 verläuft auf 1500 Höhenmetern durch alle Vegetationszonen von der Wiese bis fast zum Gletscher. Ausstellungen entlang der Straße informieren über Geschichte und Landschaft. Um zur Hochalpenstraße zu gelangen, biegen Sie in Bruck (140 A3) (🗺 F7) von der Salzachtal-Bundesstraße ab. Nach 7,5 km erreichen Sie Fusch, wo die Straße beginnt; weitere 14 km südlich befindet sich die Mautstelle Ferleiten *(Wintersperre Nov.–April | Tageskarte 35,50 Euro | www.grossglockner.at)*. Die gesamte Strecke beträgt 48 km (Berg- und Talfahrt). Übernachten und frühstücken können Sie im *Gasthof Fuscherlacke Mankeiwirt (8 Zi. | Fusch an der Glocknerstraße | Tel. 0664 5 25 03 66 | www.fuscherlacke.at | €)*: Auf 2262 m Seehöhe genießen Sie einen herrlichen Blick auf Bergriesen und können Murmeltiere streicheln.

KAPRUN (140 A3) (🗺 F7)

Der 7 km südwestlich gelegene Ort (3000 Ew.) ist durch den Bau der Kraftwerksgruppe *(www.verbund.at)* und der Gletscherbahnen *(www.kitzsteinhorn.at)* auf das *Kitzsteinhorn* (Bergstation 3029 m) zu einem Vorzeigekind des österreichischen Wirtschaftswunders mit Ganzjahres-Skibetrieb geworden.

Das Kitzsteinhorn ist der höchste für jedermann begehbare Punkt und außergewöhnlichste Aussichtspunkt im Salzburger Land: Die ● *Gipfelwelt 3000 (www.kitzsteinhorn.at/de/gipfelwelt-3000)* überrascht im Sommer mit dem Erlebnisbereich Ice-Arena, einer phantastischen Panoramaplattform, der Nationalpark Gallery mit Einsichten und Aussichten in die hochalpine Natur und dem Cinema 3000 mit 8 m hoher Leinwand. Wer Entspannung sucht, ist vor den Toren Kapruns in der ● *Tauern Spa World (Sa–Do 9–22, Fr bis 23 Uhr | Tageskarte ab 27 Euro | Tauern Spa Platz 1 | Tel. 06547 2 04 00 | www.tauernspakaprun.com)* sehr gut aufgehoben.

Unendliches Wasserparadies zum Sporttreiben oder Entspannen: Zeller See

ERLEBNISTOUREN

1 SALZBURGER LAND PERFEKT IM ÜBERBLICK

START: 1 Salzburg **ZIEL:** 19 Krimmler Wasserfälle	**7 Tage** reine Fahrzeit rund 6 Stunden
Strecke: **352 km**	

KOSTEN: Benzin ca. 50 Euro, Schiff- u. Bahnfahrten, Eintritte Museen ca. 115 Euro pro Erw., Übernachtungen 70–100 Euro pro Erw./Tag
MITNEHMEN: Badesachen, Wanderausrüstung, Mütze, Schal, Handschuhe

ACHTUNG: Wenn Sie sich von einem Ranger durch den **18 Nationalpark Hohe Tauern** führen lassen möchten, müssen Sie sich vorher anmelden. Anmeldung und Infos zu Touren unter *www.nationalpark.at* oder *Tel. 06 56 24 08 49*

Sie wollen die einzigartigen Facetten dieser Region entdecken? Dann los! Noch einfacher wird es mit der Touren-App: Laden Sie sich die Tour über den QR-Code auf Seite 2/3 oder über die Webadresse in der Fußzeile auf Ihr Smartphone – damit Sie auch offline die perfekte Orientierung haben. Bei Änderungen der Tour ist die App auf dem neuesten Stand und weicht ggf. von den Erlebnistouren im Buch ab. In diesem Fall finden Sie in den Events & News (s. S. 2/3) die neueste Tour als PDF.

TOUREN-APP

→ S. 2/3

Von den sanften Hügeln des Flachgaus über romantische Seen im Salzkammergut und durch enge Täler hinein ins „Innergebirg" führt diese Tour, bis Sie den Sprühregen der gewaltigen Krimmler Wasserfälle spüren.

Die Route startet in ❶ **Salzburg** → S. 32 und führt in **östlicher Richtung auf der B158 aus der Stadt und über Hof entlang des Fuschlsees in rund 30 Minuten zum Badeort** ❷ **Fuschl** → S. 48. Auf der kleinen **Seepromenade** lässt's sich gut einen Blick über den türkisfarbenen Fuschlsee in Richtung Norden zum Schloss Fuschl werfen, das

TAG 1

❶ Salzburg

23,5 km

❷ Fuschl

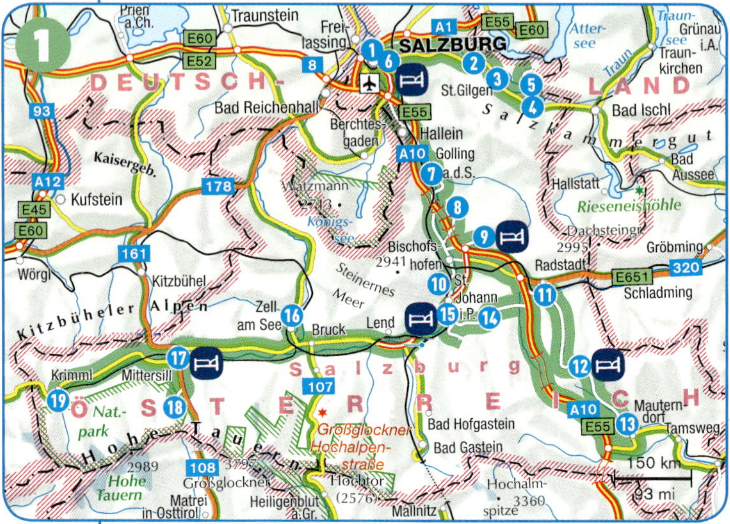

7,5 km

3 Sankt Gilgen

10,5 km

4 Wolfgangseeschifffahrt

0,5 km

5 Schafbergbahn

52 km

6 Star Inn Hotel Gablerbräu

TAG 2

29 km

7 Golling

als Kulisse für die „Sissi-Filme" mit Romy Schneider diente. **Weiter geht es auf der B158** mit Postkartenmotiv-Blick auf den Wolfgangsee **nach** **3 Sankt Gilgen → S. 65. Parken Sie an der Schiffsanlegestelle, von dort aus können Sie links das** **Mozarthaus → S. 65** besichtigen. Nach einer Pause im INSIDER TIPP **Café Dallmann** *(tgl. 10–18 Uhr | Mozartplatz 2a)* geht es im Auto **weiter in Richtung Bad Ischl eine Viertelstunde am blauschimmernden Wolfgangsee entlang bis zum Parkplatz Gschwendt. Nehmen Sie vom dortigen Anleger der** **4 Wolfgangseeschifffahrt** *(Juli–Sept. 9–17.40 Uhr, Okt.–März nach Aushang)* **ein Schiff zum Anleger** **5 Schafbergbahn → S. 66** in **Sankt Wolfgang → S. 65. Mit der Zahnradbahn erklimmen Sie den Schafberg** und können oben die wundervolle Aussicht über das Salzkammergut genießen. Planen Sie für Schiff- und Bahnfahrt hin und retour rund drei Stunden ein. **Kehren Sie auf der B158 nach Salzburg zurück, wo Sie im** **6 Star Inn Hotel Gablerbräu** *(71 Zi. | Richard-Mayr-Gasse 2 | starinnhotels.com | €€)* übernachten, in der Nähe finden Sie zahlreiche Restaurants.

Am nächsten Tag verlassen Sie in der Frühe Salzburg und **fahren auf der B159 über** **Hallein → S. 74** **ins Salzachtal,** das zur Linken vom massiven Tennen- und zur Rechten vom sanfteren Hagengebirge begrenzt ist. In **7 Golling → S. 75** besichtigen Sie die mittelalterliche **Burg** *(Mai–Okt. Di–So 10–12 u. 13–17 Uhr | Eintritt 5 Euro | www.burg-golling.at/museum)* und kehren anschließend im **Gasthof Abfalter** *(Mi–So 10.30–24 Uhr | Wasserfallstr. 57 | Tel. 06244 44 98 | www.abfalter.info | €€)* ein. Nach dem Mittagessen **erreichen Sie südwärts auf einer kurvigen Straße den historischen Pass Lueg.** Hier boten 1809 Salzburgs Freiheitskämpfer Napoleon die Stirn. **Nach rund 15 Minuten Fahrzeit gelangen Sie nach Werfen → S. 78, wo Sie Ihr Weg direkt weiter zum Busplatz Gries unterhalb der Burg Hohenwerfen → S. 78 im Norden des Orts führt. Nehmen Sie von hier aus den Bus (alle 25 Minuten) zur Bahn der** **8 Eisriesenwelt → S. 78**. Für die Tour ins faszinierende eisige Tunnelsystem sollten Sie rund drei Stunden einplanen (inkl. Bahn- und Busfahrt). **Danach geht's zurück nach Werfen und dann auf der L229 – rund 10 Minuten – in den malerischen Bergort** **Werfenweng → S. 79**, wo Sie im **9 Travel Charme Bergresort Werfenweng** *(120 Zi | 46 Ap. | Weng 195–198 | www.travelcharme.com | €€–€€€)* speisen, übernachten und Ihren Tag im Spa mit herrlichem Bergpanorama ausklingen lassen können.

Am nächsten Tag **nehmen Sie die L229 zurück nach Werfen und fahren von dort auf der B159 in die Vierschanzentournee-Stadt** **Bischofshofen → S. 78**. Dort können Sie sich auf den Rundwanderweg Kupfer im **10 Geopark Erz der Alpen → S. 79** begeben und geologische Phänomene hautnah erleben. Planen Sie hierfür rund zwei bis drei Stunden ein. **Fahren Sie anschließend in südöstlicher Richtung weiter in die älteste Stadt Salzburgs, nach** **11 Radstadt → S. 72**. Hier haben Sie im **Hotel Post** *(tgl. | Stadtplatz 8–9 | www.posthotel-radstadt.at | €–€€)* Gelegenheit zu einem Kaffee oder zum Mittagessen. Wer sich für Geschichte interessiert, sollte das Radstädter **Heimatmuseum** *(Juni–Sept. Mi, Do, Fr 10–12 u. 14.30–17 Uhr | Eintritt 4 Euro | Schlossstr. 1)* im Schloss Lerchen besuchen. **Südwestlich von Radstadt wird die Straße kurviger und enger.** Dann klettert sie hinauf in die imposante Bergwelt der Radstädter Tauern. In der Gegend um **12 Obertauern → S. 72** finden Sie ein wahres Wanderparadies. Übernachten Sie also hier, etwa im **Hotel Alpina** *(30 Zi. | Römerstr. 53 | www.alpina.co.at | €€)* und planen Sie spätestens am Abend die Wandertour für den nächsten Tag *(www.bergfex.at)*. An Tag 4 steht dann Ihre ganz persönliche Wandertour auf dem Programm – und anschließend eine weitere Übernachtung.

TAG 5

17,5 km

⑬ Mauterndorf

60,5 km

⑭ Wagrain

9,5 km

⑮ Sankt Johann im Pongau

Heute geht es **entlang römischer Meilensteine steil bergab durch Tweng**, mit rund 270 Einwohnern eine der kleinsten Gemeinden Salzburgs, und **anschließend durch das** wildromantische **Taurachtal** nach **⑬ Mauterndorf → S. 81**, wo Sie von der Burg bis in den mittelalterlichen Ortskern bummeln. **Weiter geht es dann über Sankt Michael im Lungau über die B96 und Tauernautobahn A1 durch den Tauerntunnel in den Wanderort ⑭ Wagrain → S. 77**. Hier begegnen Sie bei einem Kulturspaziergang der Geschichte zweier berühmten Wagrainer: Joseph Mohr, Texter des Weihnachtslieds „Stille Nacht", und Heimatdichter Karl Heinrich Waggerl. Anschließend können Sie sich im **Café Bosek** *(tgl. | Markt 94 | www.bosek.at)* hausgemachte Leckereien schmecken lassen. **In nordwestlicher Richtung auf der B163 geht es danach in das Alpendorf ⑮ Sankt Johann im Pongau → S. 76**, wo eine Fahrt mit der **Panoramabahn** *(tgl. 9–17 Uhr, Fahrtdauer 10 Minuten | Berg- u. Talfahrt 19 Euro | www.alpendorf.com)* auf den Gernkogel (1787 m) den Tag abrundet. Übernachten Sie im **Hotel Oberforsthof** *(78 Zi. | Alpendorf 11 | Tel. 06412 6171 | www.oberforsthof.at | €€–€€€)*.

TAG 6

53 km

⑯ Zell am See

27,5 km

⑰ Mittersill

Um in den Pinzgau zu gelangen, **fahren Sie die B311 nach ⑯ Zell am See → S. 97**. Schlendern Sie durch den Ort und werfen Sie einen Blick auf den tausendjährigen **Vogtturm** am Stadtplatz. Von der Seepromenade aus können Sie den See umrunden, baden und mit dem Schiff fahren. **Danach geht es dem Ursprung der Salzach entlang in westlicher Richtung in die kleine Stadt ⑰ Mittersill → S. 90**. Highlight des Ortes ist das **Nationalparkzentrum Hohe Tauern → S. 90**. Begeben Sie sich nach einer Stärkung im dortigen Terrassenrestaurant auf eine ca. zweistündige virtuelle Reise durch den Nationalpark. Neun Stationen warten darauf erkundet zu werden. Übernachten können Sie im **Schloss Mittersill** *(43 Zi. | Thalbach 1 | Tel. 06562 45230 | www.schloss-mittersill.at | €€€)*.

TAG 7

17 km

⑱ Nationalpark Hohe Tauern

40 km

⑲ Krimmler Wasserfälle

Am letzten Tourtag steht ein Ausflug in den **⑱ Nationalpark Hohe Tauern → S. 90** auf dem Programm. Entweder Sie erkunden ihn auf eigene Faust oder Sie lassen sich von einem Ranger (Anmeldung!) ins Hochgebirge führen. Voraussetzung für einen Alleingang: gute Bergausrüstung und Kenntnisse über mögliche Gefahren. **Anschließend fahren Sie über Mittersill in westlicher Richtung auf der B165 nach Krimml → S. 92**, dort erwarten Sie die imposanten **⑲ Krimmler Wasserfälle → S. 92**.

2 MIT DEM RAD IM SEENLAND

START: ① Salzburg
ZIEL: ⑫ Laufen

Strecke:
55 km

3 Tage
reine Fahrzeit
8 Stunden

KOSTEN: Fahrrad pro Tag ca. 15–20 Euro, Eintritte 22,70 Euro, zwei Übernachtungen und Essen rund 200 Euro/Person
MITNEHMEN: Fahrradpumpe, -flickzeug, Wasserflasche, Regenschutz, Badesachen

ACHTUNG: Übernachtungen vorher reservieren! Nach Salzburg zurück kommen Sie mit der Lokalbahn von ⑪ **Oberndorf** (Halbstundentakt, Fahrradmitnahme erlaubt) oder mit dem Rad die Salzach flussaufwärts (ca. 18 km) auf österreichischer Seite.

Auf eine Radreise mit Badespaß, die einige Überraschungen zu bieten hat, begeben Sie sich mit dieser Erlebnistour. Sie führt von Salzburg an die Flachgauer Seen bis nach Oberndorf und ist auch gut für Kinder geeignet.

Sie starten in der Stadt ① Salzburg **→ S. 32** **am Makartsteg am rechten Salzachufer bei der Statue von Herbert von Karajan. Fahren Sie flussabwärts den Radweg, den Treppelweg, entlang.** Er wurde zur Zeit des Salzhandels angelegt, um die Salzachschiffe flussaufwärts zu ziehen. **Kurz nach dem Kraftwerk Sohlstufe Lehen biegen Sie scharf rechts in den Radweg, der den Alterbach entlangführt. Einige Bahn- und Straßenunterführungen geht es weiter, bis Sie in die Ischlerbahntrasse, die bis 1957 Salzburg mit Bad Ischl verband, einfahren. Am Samer Mösl, einem Moor mit seltenen Pflanzen, vorbei, geht es auf einem gut asphaltierten Radweg stetig bergauf, bis Sie über weite Felder nach ② Eugendorf gelangen,** wo sich ein Blick in die **Pfarrkirche zum Heiligen Martin** mit der Kreuzigungsgruppe des Barockbildhauers Meinrad Guggenbichler lohnt, die mit ihren lebensgroßen Figuren um 1700 entstand. **Hinter der Kirche biegen Sie beim Kriegerdenkmal rechts ab** und kehren zum Mittagessen beim **Gastagwirt** *(Mi–Mo 11–21 Uhr | www.gastagwirt.at | €€)* ein. **Anschließend biegen Sie rechts ab, unter der Bundesstraße geht's hindurch nach Unzing. Halten Sie sich links nach Henndorf** **→ S. 49****, und verlassen Sie den Ort in Richtung Haslach und Wertheim zum ③ Schloss Sighartstein** (nicht öffentlich zugänglich), hier musizierte Mozart. Ar-

TAG 1

① Salzburg

13 km

② Eugendorf

48 km

③ Schloss Sighartstein

Etappenziel Neumarkt am Wallersee: zur Belohnung locken Bad oder Spaziergang

2,5 km

4 Neumarkt am Wallersee

TAG 2

7,5 km

5 Fischachmühle

1 km

6 Tiefsteinklamm

3 km

7 Hofwirt Schleedorf

3,5 km

8 Egelseen

2,5 km

9 Mattsee

turo Toscanini und Operndiva Maria Callas waren zu Gast. **Über die Sighartsteinstraße gelangen Sie, indem Sie die Bundesstraße queren, nach 4 Neumarkt am Wallersee → S. 50**. Übernachten können Sie im **Ferienhotel Herzog** *(18 Zi. | www.ferienhotel-herzog.at | Maierhofstr. 55 | www.ferienhotel-herzog.at | €€)* – vorher lockt ein Bad im Wallersee oder ein Abendspaziergang am Wasser.

Neumarkt verlassen Sie in Richtung Köstendorf und fahren zur 5 Fischachmühle. Lassen Sie Ihre Räder stehen und machen Sie zu Fuß einen Abstecher in die 6 Tiefsteinklamm, um die sich eine mystische Sage rankt. **Danach geht es zurück zur Fischachmühle und weiter nach Schleedorf, wo Sie im urigen Landgasthaus 7 Hofwirt Schleedorf** *(Di–So ab 10 Uhr | www.hofwirt-schleedorf.at | €–€€)* **Rast machen. Weiter geht's übers Paltingmoos an den** unter Naturschutz stehenden **8 Egelseen vorbei.** Baden ist hier nicht erlaubt, aber keine Sorge, **auf der Köstendorfer Landstraße (Achtung, kein Radweg!) entlang ist es jetzt nicht mehr weit bis nach 9 Mattsee → S. 51**, wo Sie baden gehen können. Checken Sie für die Übernachtung schon mal im **Schlosshotel Iglhauser → S. 52** direkt am See ein. Ein unbedingtes Muss im Ort ist das Porsche-Museum INSIDER TIPP **Fahrtraum** *(tgl. 10–18 Uhr | Eintritt 13 Euro | Passauer Str. 30 | fahrtraum.at)*. Wenn Sie zur richtigen Zeit unterwegs sind, können Sie anschließend den Abend bei einem klassischen Konzert des **Diabelli-Sommers → S. 124** ausklingen lassen.

Verlassen Sie den malerischen Ort in östlicher Richtung und radeln am Grabensee vorbei, einem der wärmsten Seen Österreichs. Nach zwei Holzbrücken geht es in Richtung Seeham → S. 53 und Obertrum am Nordufer des Obertrumer Sees entlang. In ⑩ **Obertrum → S. 52** können Sie mit dem **Hofladen Joglbauer** *(nach Anmeldung | Tel. 06219 62 91 | www.hofladen-joglbauer.at)* einen traditionellen Flachgauer Biobauernhof besichtigen und erfahren viel über biologische Landwirtschaft. Nach einer Biojause verlassen Sie Obertrum und **fahren in westlicher Richtung über Mühlbach bis nach Anthering. Dort nehmen Sie den Weg durch die Au zur Salzach, bis Sie auf den Tauernradweg bzw. Treppelweg stoßen. Folgen Sie diesem flussabwärts bis nach ⑪ Oberndorf**, wo das Weihnachtslied „Stille Nacht, heilige Nacht" von Joseph Mohr und Franz Xaver Gruber bei der Christmette 1818 in der St. Nikolai-Kapelle uraufgeführt wurde. Im nahen **Stille Nacht & Heimatmuseum** *(tgl. 10–18 Uhr | Eintritt 4,50 Euro)* können Sie Kopien der „Originalnoten" erstehen. **Auf der bayerischen Seite der Salzach, verbunden durch eine Jugendstilbrücke, liegt das Städtchen ⑫ Laufen**, wo Sie im Klostergarten des Restaurants **INSIDER TIPP Kapuzinerhof** *(Mo–So ab 11 Uhr | Schloßplatz 4 | www.kapuzinerhof.de | €€)* Ihre Radreise durch den Flachgau ganz in Ruhe ausklingen lassen.

TAG 3

11 km

⑩ Obertrum

20 km

⑪ Oberndorf

2 km

⑫ Laufen

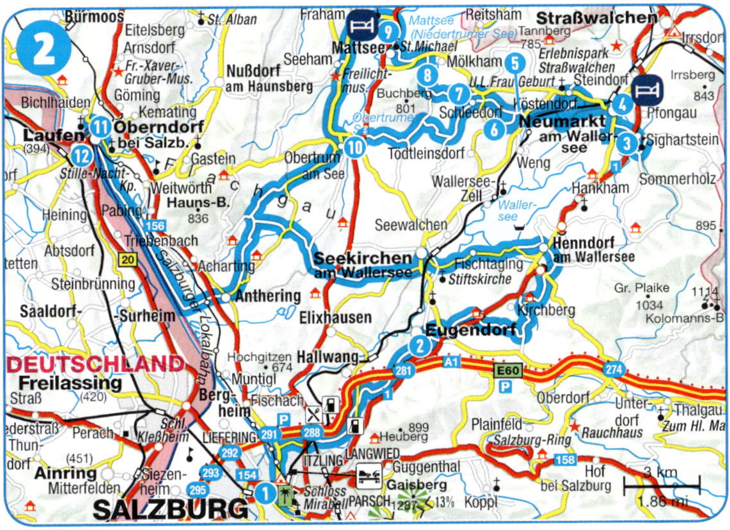

3 STADTBUMMEL DURCH SALZBURG

START: 1 Cornelius-Reitsamer-Platz
ZIEL: 16 Bazar

Strecke:
ca. 7 km

1 Tag
reine Gehzeit
rund 3 Stunden

KOSTEN: 18 Euro Eintritte/Person, zuzügl. Essen, Trinken und Einkäufe
MITNEHMEN: bequeme Schuhe

ACHTUNG: Auf den Stadtbergen die markierten Wege nicht verlassen

Wandern und Shoppen, Kultur und spannende Entdeckungen – all das erleben Sie bei dieser kurzweiligen Tour durch Salzburg, über Kapuziner- und Mönchsberg. Auch Kaffeehausliebhaber kommen auf ihre Kosten!

1 Cornelius-Reitsamer-Platz
2 Mozartstatue
3 Franziskischlössl
4 Dreifaltigkeitsgasse
5 Makartplatz
6 Mozart-Wohnhaus

11:00 **Der Startpunkt liegt in der Fußgängerzone Linzer Gasse am 1 Cornelius-Reitsamer-Platz. Links durch den Torbogen der Franziskuspforte beginnt ein relativ steiler Anstieg auf alten Pflastersteinen, der an Stationen eines Kreuzwegs entlangführt. Durch die Felixpforte hindurch erblicken Sie links das Paschingerschlössl** (nicht öffentlich zugänglich), wo Autor Stefan Zweig von 1919 bis 1934 wohnte. **Durch ein weiteres Tor gelangen Sie zu einer 2 Mozartstatue.** Früher stand hier das Zauberflötenhäuschen, in dem angeblich Mozart Teile seiner berühmten „Zauberflöte" komponierte. **Sie folgen nun links dem asphaltierten Weg, der leicht ansteigend bis zum 3 Franziskischlössl** *(Mi–So 11–17 Uhr | Kapuzinerberg 9 | www.franziskischloessl.at)* **führt.** Von diesem von Erzbischof Paris von Lodron im 30-jährigen Krieg errichteten Wehrbau haben Sie einen phantastischen Ausblick auf den Norden der Stadt bis hin zu den Flachgauer Seen. **Den Kapuzinerberg verlassen Sie auf demselben Weg, auf dem Sie ihn erklommen haben.** Das Wasser des Holzbrunnens am Weg können Sie trinken, vielleicht sehen Sie sogar eine Gämse.

12:00 **Wieder in der Linzer Gasse gehen Sie bergab am Haus der Engel-Apotheke vorbei,** wo Sie ein Gedicht von Georg Trakl (1887–1914) lesen können. **Gleich danach biegen Sie rechts in die 4 Dreifaltigkeitsgasse** ein. Kleine Boutiquen säumen die Gasse, bevor Sie auf den 5 Makartplatz mit den Magnolienbäumen kommen. **Links können Sie das 6 Mozart-Wohnhaus** → S. 36 **besichtigen.** Planen Sie dafür rund eine Stunde ein.

13:00 Geradeaus sehen Sie das Geburtshaus des Physikers Christian Doppler (Makartplatz 1). **Gehen Sie zwischen dem Hotel Bristol und dem Salzburger Landestheater hindurch in den ⑦ Mirabellgarten** → S. 38. Zwischen blühenden Pflanzen hindurch, vorbei an Statuen griechischer Götter, gehen Sie zum **Pegasus-Brunnen**, um eine Münze hineinzuwerfen und sich etwas zu wünschen. Auf den Stufen, die zum Rosenhügel führen, werfen Sie einen Blick zurück: Das Fotomotiv ist perfekt. **Links, an einer Vogelvoliere des 18. Jhs. vorbei, gelangen Sie zum ⑧ Müllner Steg** der Salzach. Von hier haben Sie den schönsten Blick auf die Altstadt. **Gehen Sie über die Brücke, steigen Sie die Treppe zur Müllner Hauptstraße hinauf, diese überqueren Sie und halten sich rechts bis zum traditionellen ⑨ INSIDER TIPP Gasthof Krimpelstätter** *(Di–Sa ab 11 Uhr, während der Festspiele kein Ruhetag | Müllner Hauptstr. 31 | €–€€)*. In einer holzgetäfelten Stubn lässt's sich gut zu Mittag essen. **Frisch gestärkt spazieren Sie anschließend hinter dem Gasthof durch die Monikapforte, eine alte Wehrmauer, vorbei am Hotel Schloss Mönchstein auf den Mönchsberg.**

⑦ Mirabellgarten

⑧ Müllner Steg

⑨ Gasthof Krimpelstätter

14:30 **Halten Sie sich nach links und statten Sie dem ⑩ Museum der Moderne Mönchsberg** → S. 37 einen Besuch ab, von seiner Terrasse haben Sie übrigens

⑩ Museum der Moderne Mönchsberg

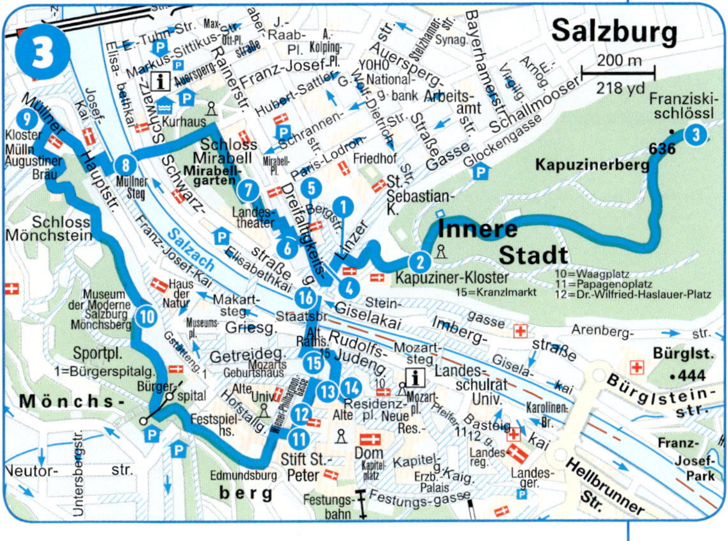

⑪ Franziskanerkirche
⑫ Sigmund-Haffner-Gasse
⑬ Tomaselli
⑭ Konditorei Fürst
⑮ Getreidegasse
⑯ Bazar

einen wundervollen Panoramablick über die Stadt! **Der Weg führt weiter durch ein Tor einer Befestigungsmauer in Richtung Festung Hohensalzburg → S. 35 zu einer Anhöhe, wo Sie über dem Neutor in die Altstadt blicken. Anschließend nehmen Sie den kleinen Weg links auf der Seite der Altstadt (Vorsicht bei den Stufen!) hinab zu den** **Festspielhäusern → S. 34**. Ist das mobile Dach der Felsenreitschule geöffnet, können Sie auf die Bühne hinunterblicken und vielleicht einer **Opernprobe** lauschen. Rechts sehen Sie ein rosa Gebäude, die Edmundsburg, diese ist Sitz des **Stefan Zweig Centres → S. 38**. **Die Clemens-Holzmeister-Stiege steigen Sie hinab in den Toscanini-Hof. Gleich rechts können Sie die ⑪ Franziskanerkirche** *(tgl. 6.30–19.30 Uhr)* aus dem 8. Jh. mit romanischem Langhaus und gotischem Hallenchor sowie dem Hochaltar von Johann Fischer von Erlach **besichtigen.**

16:30 In der **⑫ Sigmund-Haffner-Gasse** haben Sie in der **Galerie Welz** *(www.galerie-welz.at)* eine große Auswahl an Druckgrafiken. **Beim Ritzerbogen, vorbei an Österreichs ältester noch bestehender Buchhandlung , Höllrigl, biegen Sie rechts ab und gehen zum Alten Markt, wo Sie im Café ⑬ Tomaselli → S. 40 einkehren.** Hier sollten Sie einen der hausgemachten Kuchen probieren, die stilecht von Kuchendamen serviert werden. Versäumen Sie nicht, anschließend gegenüber in der **⑭ Konditorei Fürst → S. 31** Original Mozartkugeln als Mitbringsel zu erstehen. In den Altstadthäusern und in der nahen **⑮ Getreidegasse → S. 35**, Salzburgs berühmtester Einkaufsstraße, finden Sie Shoppingmöglichkeiten – von Kleidung über Souvenirs aller Preisklassen. **Ihren Stadtbummel lassen Sie links an der Salzach im Café ⑯ Bazar → S. 40 ausklingen**.

Von der Terrasse des Museums der Moderne liegt Ihnen Salzburg zu Füßen

4 LANDPARTIE FÜR GENIESSER

START: 1 Salzburg
ZIEL: 11 Seebad Nussdorf

Strecke:
170 km

2 Tage
reine Fahrzeit
2,5 Stunden

KOSTEN: Eintritte und Schiffsfahrt pro Erw. ca. 30 Euro, plus 70 Euro Übernachtung zuzügl. Verpflegung: insgesamt ca. 150 Euro/Person
MITNEHMEN: Picknickdecke und -korb, Badesachen

ACHTUNG: Anmelden für 2 Hofbräu Kaltenhausen, 6 Zur Sonnleit'n und evtl. Führung durchs Arboretum!

Auf dieser Landpartie ins Grüne erwarten Sie kulinarische Gipfelerlebnisse. Unterwegs gibt es jede Menge Gelegenheiten, Ihren Picknickkorb mit regionaltypischen Leckereien zu füllen.

Starten Sie in 1 Salzburg → S. 32, das Sie auf der B150 in Richtung Anif verlassen. Im 2 Hofbräu Kaltenhausen *(Führungen nach Anmeldung tgl. 10–18 Uhr 9 Euro | Tel. 06245 7 95 52 67 | www.kaltenhausen.at)*, das am Fuß von zwei Felstürmen, den zwei Barmsteinen, liegt, machen Sie Ihren ersten Stopp. Dort erhalten Sie in der ältesten Brauerei Salzburgs Einblicke in die Kunst des Bierbrauens und können Ihren Picknickkorb mit verschiedenen Bieren befüllen. **Nach nur wenigen Kilometern treffen Sie in der alten Salzhandelsstadt Hallein → S. 74 ein.** Hier finden Sie, umgeben von weiten Wiesen und Obstbäumen, in einem alten Gutshaus die 3 Brennerei Guglhof → S. 75. Erstehen können Sie Schnäpse, Liköre oder Whiskey, von Nov. bis April werden auch Pralinen hergestellt. **Der Salzach entlang geht es nun südwärts nach Golling → S. 75**, wo Sie im Feinkostladen der 4 Döllerers Genusswelten → S. 75 ein Genusspackerl erstehen, **bevor Sie sich auf der B162 in Richtung Lindenthal begeben. Von dort führt die B166, die** wildromantische 5 Salzburger Dolomitenstraße mit Blick in die Gebirgswelt **nach Annaberg → S. 71**, Heimatort von Skistar Marcel Hirscher. **Fahren Sie von Annaberg wieder retour nach Lindenthal und dann weiter nach Abtenau → S. 69.** Hier kehren Sie im Genussbauernhof 6 Zur Sonnleit'n *(Mo/Do ab 16, Fr–So ganztags | 4 Hütten | Schratten 27 | Tel. zur Anmeldung für Aktionen 0664 3 07 92 23 | €€)* ein. Nicht nur essen ist möglich, sondern Sie Brot backen, beim Käsemachen zusehen (bitte tel. an-

TAG 1

1 Salzburg
14 km
2 Hofbräu Kaltenhausen
2,5 km
3 Brennerei Guglhof
4 Döllerers Genusswelten
26 km
5 Salzburger Dolomitenstraße
17 km
6 Zur Sonnleit'n

melden und 1–2 Std. einplanen) und sogar übernachten: in einer „Troadkasten-Hütte", einem Getreidespeicher.

TAG 2

30 km

7 Hallstattschifffahrt

20,5 km

8 Bad Goisern

21 km

9 Bad Ischl

38 km

Auf kurvenreicher Straße fahren Sie auf den Pass Gschütt (957 m), der die Grenze zwischen Salzburg und Oberösterreich bildet. **Bergab bringt er Sie auf der B 166 ins Salzkammergut, wo Sie nach Hallstatt → S. 60 abbiegen. Parken Sie dort Ihren Wagen, steigen Sie in ein Schiff der 7 Hallstattschifffahrt** *(Juni–Okt. | 10 Euro | www.hallstattschifffahrt.at)* und schippern Sie vom Stadtzentrum in den südlichen Teil des fjordartigen **Hallstätter Sees → S. 60** und wieder retour. **Entlang des Westufers geht es anschließend nach 8 Bad Goisern**. Im **Primusbergerhof** *(tgl. | Primesberg 3 | www.primusbergerhof.at)* gibt es neben selbst gemachten Marmeladen auch Gedrechseltes. Besuchen Sie kostenlos das **Arboretum** *(Untersee 11 | Mai–Okt. frei zugänglich, Führung nach Anm. ab 5 Pers. | Tel. 06135 76 02)* mit mehr als 1000 botanischen Raritäten aus aller Welt. **Auf der B145 gelangen Sie nach 9 Bad Ischl → S. 54**, wo Sie in der **Konditorei Zauner** zu einem Zaunerkipferl und einer Melange einkehren. Im **Hutgeschäft Bittner** *(Mo–Fr 9–12 u. 14–18, Sa 9.30–13 Uhr, 1. Sa im Monat auch 14–16 Uhr | Schutzenbichl 15 | http://bittner.co.at)* können Sie noch einen originalen Ischler Hut, wie ihn Kaiser Franz Joseph I. trug, kaufen. **Von Ischl gelan-**

Leckeren Proviant können Sie im Feinkostaden von Döllerers Genusswelten erstehen

gen Sie über Ebensee → S. 60 am Traunsee entlang nach ⑩ **Gmunden → S. 59**, wo Sie dem Keramikglockenspiel des Rathauses lauschen und am See flanieren. **Sie verlassen Gmunden in Richtung Westen und kommen über den Weißenbacher Sattel zum Westufer des Attersees.** Lassen Sie die Tour mit einem Bad im ⑪ INSIDER TIPP **Seebad Nussdorf** *(tgl. Mai/Juni 11–18 Uhr (bei schlechtem Wetter geschl.), Juli/Aug. 9–19 Uhr, bei schlechtem Wetter ab 11 Uhr | Eintritt 4,70 Euro | www.attersee-baeder.at)* ausklingen und genießen Sie die Köstlichkeiten aus dem Picknickkorb.

⑩ Gmunden

59,5 km

⑪ Seebad Nussdorf

5 ZU ALMEN UND SENNERN

START: ① Hüttschlag
ZIEL: ⑱ Sonneggbrücke

Strecke: 36 km | mittel | Höhenmeter: 1000 m

3,5 Tage
reine Gehzeit 16,5 Stunden

KOSTEN: ca. 100 Euro/Person (3 Übernachtungen und Essen)
MITNEHMEN: Wanderausrüstung, Regen-, Sonnenschutz, Wasserflasche, Hüttenschlafsack

ACHTUNG: Auf den blau markierten Enzian-Wegen bleiben, Infos: *www.salzburger-almenweg.at*. Wandertaxi bei **Taxi 600** bestellen!

Durch moosbewachsene Nadelwälder über saftige Almwiesen wandern, auf Gipfeln stehen, bei den Sennern einkehren und im Heu schlafen: Auf dieser Erlebnistour folgen Sie dem blauen Enzian und erleben das pure Almenglück!

TAG 1

- ❶ Hüttschlag
- 5700 m
- ❷ Halmoosalm
- 2600 m
- ❸ Karteisalm
- 4300 m
- ❹ Tappenkarseehütte
- 1000 m
- ❺ Tappenkarsee
- 230 m
- ❻ Tappenkarseealm
- 1300 m
- ❼ Draugsteintörl
- 1600 m
- ❽ Almen am Draugstein

TAG 2

- 1650 m
- ❾ Filzmoossattel
- 800 m

Die Wanderung beginnt in ❶ **Hüttschlag** (1000 m) im hinteren Großarltal. **Von dort geht es auf der Straße taleinwärts über die Wolfaukapelle, bis vor Karteis links ein Fußweg abzweigt. Der führt** – mit herrlichem Blick ins Tal – **über das Oberstein-Gehöft und weiter über** die unbewirtschafteten Almen ❷ **Halmoosalm und** ❸ **Karteisalm** (1661 m) **zum Karteistörl**, einem offenen Gelände mit Lärchen. Am Törl beginnt nun der schönste Abschnitt zur ❹ **Tappenkarseehütte** (1825 m) und zum ❺ **Tappenkarsee**, der an manchen Stellen bis zu 100 m tief ist und zu den höchstgelegenen Seen der Alpen zählt. Hartgesottene wagen ein Bad im Wasser, das sich auch im Sommer nur bis zu 14 Grad erwärmt. **Nach einem leichten Weg am See entlang und einer Rast auf der** ❻ **Tappenkarseealm** *(Mai–Mitte Okt. | www.haus-kristall.com | €)* mit guter Küche **beginnt der sehr steile Anstieg zum** ❼ **Draugsteintörl** (2090 m). Oben haben Sie die höchste Stelle der Wanderung erreicht. **An den Flanken des Draugsteins geht es hinunter zu den** ❽ **Almen am Draugstein** *(Anf. Juni–Ende Sept. | Schrambachhütte: Tel. 06417 2 74 | Steinmannhütte: Tel. 06417 2 65 | www.steinmannbauer.at | €)* auf 1778 m, wo Sie den Tag mit einer Hüttenjause ausklingen lassen, auf der Steinmannhütte in Bioqualität.

Am nächsten Tag geht es an der Südwestflanke des Draugsteins (2356 m) vorbei. Machen Sie einen Abstecher vom ❾ **Filzmoossattel**, wo Sie auf der Filzmooshöhe das „Strahlenkreuz" bewundern können, **hinauf auf den**

Eine Tour zu den Almen – hier die Filzmoosalm – bietet Natur und gute Aussichten

10 **Draugstein**, einen imposanten Kalkstein mit herrlichem Panoramablick. Für den Auf- und Abstieg können Sie rund eineinhalb Stunden einkalkulieren. **Wieder zurück beim Filzmoossattel verläuft der Weg kontinuierlich 350 Höhenmeter zur Filzmoosalm** (1710 m) **hinunter und weiter zur großzügig ausgebauten** 11 **Loosbühelalm** *(Mai–Mitte Okt. | Tel. 06414 408 | www.loosbuehelalm.at)*, die auf 1767 m liegt. **Der Weg führt an einer der ursprünglichsten Hütten, der** 12 INSIDER TIPP **Weissalm** *(Juni–Anfang Okt. | Tel. 0664 4378020 | www.weissalm.at | €)* **vorbei** – probieren Sie dort unbedingt die hausgemachten Krapfen! **Folgen Sie dem Weg dann weiter, bis Sie mit der urigen** 13 **Ellmaualm** *(Mitte Juni–Sept. | Tel. 0664 4550411 | €)* **das Etappenziel erreicht haben.** Hier können bis zu 15 Personen in wenigen Einzelzimmern oder im Bettenlager übernachten.

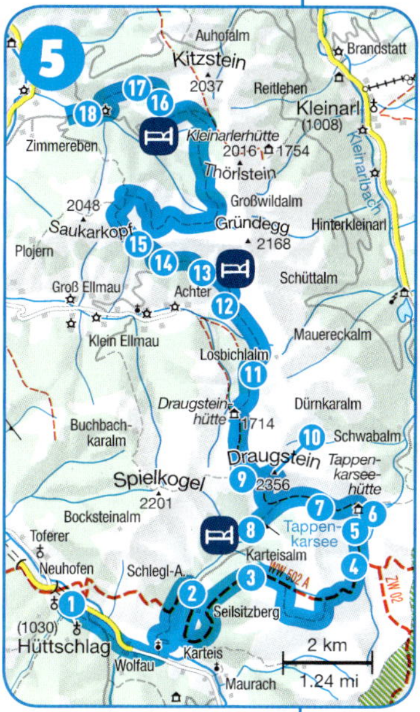

Die dritte Etappe führt von der Ellmaualm über einen Höhenweg mit beeindruckenden Ausblicken auf die Hohen Tauern mit der Glocknergruppe und auf den Hochkönig. Einzig der Abschnitt von der 14 **Hennerbichlalm** (1825 m) zum 15 **Kartörl** (1911 m) ist steiler und deswegen anstrengender. **Von der** nicht bewirtschafteten **Kleinwildalm beginnt der Abstieg zur Großwildalm** (1779 m) **und weiter bergab über einen Güterweg rechts durch einen Fichtenwald zur** 16 INSIDER TIPP **Karseggalm** *(Juni–Okt. | Tel. 06649 962188 | €)* (1603 m), der mit 400 Jahren ältesten Hütte im Großarltal. Hier geht alles etwas einfacher zu: Es gibt keinen Strom, gekocht wird über offenem Feuer, Käse wird geräuchert, und übernachtet wird im Heu.

Mit einem fantastischen Blick ins Großarltal beginnt schließlich der **Abstieg zur** 17 **Unterwandalm** *(Juni–Okt. | Tel. 06414 20017 | €)*, wo oft musiziert wird, **und weiter hinab ins Tal**. Das Wandertaxi **Taxi 600** *(Anmeldung bis 20 Uhr des Vortags | Tel. 06414 600 | Preis 2,50 Euro/Person | www.grossarltal.info)* bringt sie zurück an den Startpunkt der Tourt, die erste Haltestelle ist bei der 18 **Sonneggbrücke** (1139 m).

10 Draugstein
4900 m
11 Loosbühelalm
1500 m
12 Weissalm
1300 m
13 Ellmaualm

TAG 3
1250 m
14 Hennerbichlalm
700 m
15 Kartörl
920 m
16 Karseggalm

TAG 4
900 m
17 Unterwandalm
2800 m
18 Sonneggbrücke

SPORT & WELLNESS

Noch vor dem ersten Tag im Kindergarten stehen Salzburger das erste Mal auf Skiern. Kein Wunder, dass Sport im Salzburger Land einen besonderen Platz einnimmt.

Aufgrund der Verbindung von Hochgebirge, sanftem Alpenvorland und Seen ist alles möglich: extreme Berg- und Klettertouren, Gletscherwanderungen, Rafting, Canyoning, Hydrospeed, Mountainbiking, Trekking, Radeln an Flüssen und Seeufern, Paragliding und Sportfliegen; nicht zu vergessen Schwimmen, Segeln, Rudern, Angeln, Golfen und Reiten. Vom Skifahren nicht zu reden, ob im Wedel- und Carvingstil, mit dem Snowboard oder einem trendigen Funsportgerät. Ein dichtes Netz bestens ausgeschilderter Rad- und Wanderwege führt zu idyllischen Plätzen. Für Sportarten, die nicht allein unternommen werden dürfen oder können, stehen erfahrene Führer und Begleiter zur Verfügung. Und für alle, die sich (nach dem Sport) verwöhnen lassen möchten, gibt es ein breites Wellnessangebot.

ANGELN

Trotz seiner kleinen Fläche ist das Salzburger Land reich an Bächen, Flüssen, natürlichen Seen, künstlich angelegten Stauseen oder Teichen. Nicht nur die hohe Wasserqualität, sondern auch das Erlebnis Natur lassen immer mehr Menschen zur Angelrute greifen. Wunderschön angeln Sie an Lungaus Flüßen, z. B. entlang der Longa oder am Wolf-

Bild: Wanderparadies Salzburger Land

Ob im Wasser oder auf den Bergen – das Salzburger Land und das Salzkammergut sind für Aktivurlauber unwiderstehlich

gangsee. Achtung: Auch Eintages-Fischer benötigen eine gültige Anglerkarte. Infos unter: *www.fischereiverband.at*

FLIEGEN & PARAGLIDING

Die *Alpine Segelflugschule Zell am See (Kapruner Str. 15 | Tel. 06542 572250 | www.flugschule-zellamsee.at)* bietet Motor- und Segelfluglehrgänge an.
Weniger aufwendig lässt sich die Lust zu fliegen mit dem Paraglider realisieren: *Flugschule Austria Fly (Weng 211 | Werfenweng | Tel. 0664 4420002 | Tel. 0664 3562468 | www.austriafly.at)*.

RADFAHREN & MOUNTAINBIKING

Der ★ *Tauernradweg* führt von Krimml über das Salzach- oder Saalachtal bis in die Stadt Salzburg, von dort weiter bis zur Innmündung und nach Passau. Die Gesamtstrecke beträgt 330 km bei einem Höhenunterschied von etwa 700 m.
Im Lungau führen idyllische, flache Rad-

wege 170 km durch Wiesen und Wälder. Landschaftlich sehr reizvoll sind die Radwanderwege im Trumer Seenland. Für Mountainbiker ist von der Schnuppertour bis zu anspruchsvollen Up-and-Downhills zwischen Krimml und Bad Aussee alles zu finden. Die Crew des *Bikeparks Leogang (Tageskarte ab 39 Euro | Tel. 06583 82 19 | www.bikepark-leogang.com)* bietet geführte Touren ebenso wie Unterricht in der Bikeschule und Wokshops. Weitere Hotspots: *Bike Circus Saalbach-Hinterglemm, Mountainbikepark Wagrain, Bikeparks Wildkogel* und *Maiskogel. Infos unter www.salzburgerland.com/de/bike*

REITEN

In vielen Orten gibt es Reitställe. Daneben werden in Bad Hofgastein, Sankt Georgen im Attergau und Straßwalchen auch Reiterferien angeboten *(www.reiterferien.at)*. Pferdetrekkings beginnen in Neukirchen am Großvenediger. Auf vielen Bauernhöfen, die Urlaub anbieten *(www.urlaubambauernhof.at)* sind Reitstunden – für Anfänger und Fortgeschrittene – ebenso möglich wie Ausritte.

SURFEN, SEGELN & SCHWIMMEN

Auf den Seen des Salzkammerguts, des Alpenvorlandes und auf dem Zeller See herrscht selten Flaute. Einstiegsstellen für Surfer sind gekennzeichnet. In zahlreichen Orten gibt es Segelschulen, Boote und Surfbretter werden verliehen. An den größeren Seen ist Schwimmen meist nur in Strandbädern möglich.

WANDERN, BERGSTEIGEN & KLETTERN

7200 km markierte Wanderwege, darunter der *Arno-Rundwanderweg,* der *Jakobsweg* durch das Saalachtal und der *Sankt-Rupert-Pilgerweg* zwischen Bischofshofen und Sankt Gilgen durchziehen das Salzburger Land. In der Welt der Zwei- und Dreitausender gibt es etwa im *Großarltal* Wege, Steige und Routen aller Schwierigkeitsgrade. Gute Ausrüstung und ein offenes Ohr für Ratschläge und Warnungen der erfahrenen Hüttenwirte sind Voraussetzungen dafür, dass Ihre Wanderung ein unvergessliches – und sicheres! – Erlebnis wird.

Klettergärten gibt es am *Pass Lueg* und am *Plombergstein* (auch für Kinder), eine Boulderanlage in *Rif*. Eisklettern ist u. a. im *Gasteiner Tal* möglich, in der *Strubklamm* und in der *Sigmund-Thun-Klamm* bei Kaprun. Selbst in der Stadt Salzburg finden Kletterer Trainingsmöglichkeiten: Auf der ● *Müllner Schanze am Mönchsberg* findet sich ein Parcours für Anfänger und Fortgeschrittene, echtes Können verlangt die *City Wall (www.klettersteig.com/kSalzburg/ksalz00.htm)* in der Glockengasse.

Der *Heilbronner Rundwanderweg (www.bergfex.at)* ist besonders für Familien geeignet.

WELLNESS

Die frische Luft, das klare Wasser aus den Bergen, Heilkräuter und Salz sind wichtige Faktoren für die Gesundheit. Entspannen lässt es sich etwa in den fünf Thermen des Salzburger Landes (Kaprun, Bad Gastein, Bad Hofgastein, Golling, Bad Vigaun) und den zwei Thermen im Salzkammergut (Bad Ischl, Bad Aussee). Viele Hotels wie *Ebner's Waldhof am See (www.ebners-waldhof.at)* in Fuschl, *Die Wasnerin* (s. S. 58) oder das Biohotel *Forsthofalm (www.forsthofalm.com)* in Leogang bieten Wellness auf hohem Niveau. Die Krimmler Wasserfälle und die Hohen Tauern lassen Allergiker und Asth-

Die etwas andere Bootstour – mit Nervenkitzel und garantiertem Vollbad: Rafting

matiker aufatmen, und Familien mit Kindern genießen kostenlosen Spaß beim Wassertreten in den zahlreichen Kneippanlagen *(www.kneippbund.at)* der Gemeinden.

WILDWASSERSPORT

INSIDER TIPP Rafting auf der Lammer, auf der Salzach, der Saalach, der Enns und der Mur wird sowohl für Familien als auch für abenteuerlustige Fortgeschrittene angeboten. Für den ultimativen Kick sorgen Canyoning und Hydrospeed, wenn man, geschützt durch Helm und Neoprenanzug, im Sprühregen eines Wasserfalls über eine glitschige Rinne in ein Wasserbecken saust. *Adventure Service Outdoorsports (Steinergasse 5–7 | Zell am See | Tel. 0664 5 05 99 20 | www.adventureservice.at); Outdoor Team Geisler (Ramseiden 19 | Saalfelden | Tel. 0664 2 80 78 38 | www.outdoor-geisler.at); Motion Center (Lofer 330 | Tel. 06588 75 24 | www.motion.co.at);*

WINTERSPORT

Für Skispaß sorgen große, kleine und grenzübergreifende Skigebiete mit rund 2500 Pistenkilometern. Von schweren bis leichten Pisten, für Profis bis hin zu Anfängern, für jeden ist etwas dabei. Freestyler kommen in den Funparks auf ihre Kosten. Fast ganzjährig geöffnet ist das Gletscherskigebiet Kaprun–Kitzsteinhorn *(www.kitzsteinhorn.at)*, die übrigen Skigebiete je nach Schneelage. Die Preise variieren je nach Skigebiet. Tourengehen, Freeriden oder Schneeschuhwandern abseits der Pisten werden immer beliebter. Hier heißt es aber: nicht allein oder ohne ausreichende Ausrüstung ins Gelände, unbedingt die Infos des Lawinenwarndienstes, der Bergrettung und der Einheimischen beachten!

MIT KINDERN UNTERWEGS

Mit ihren Bergen, Bächen, Seen, Wäldern und Wiesen sind das Salzburger Land und das Salzkammergut schon von Natur aus große Abenteuerspielplätze. Dazu gibt es ein breites Angebot an Bauernhöfen: Dabei zu sein, wenn ein Kalb gefüttert wird, im Heu herumzutollen oder zu sehen, dass Kartoffeln nicht auf Bäumen wachsen – all das kann zu unvergesslichen Kindheitserlebnissen werden. In den meisten Orten und Regionen gibt es eine Fülle kindgerechter Freizeitangebote. Kindermanager in Familien- und Kinderhotels *(www.kinderhotels.at)* gehören ebenso dazu wie geführte Tagesprogramme für Kinder. Kinder bis zu 6 Jahren können zu fast allen Sehenswürdigkeiten gratis mitgenommen werden, Kinder bis zu 14 Jahren zahlen stark ermäßigte Eintrittspreise. Ähnliches gilt für Seilbahnen und Liftanlagen, und Skikindergärten gibt's fast überall.

STADT SALZBURG

MARIONETTENTHEATER (U C3) *(🕮 c3)*

Vielleicht wird es der erste Theaterbesuch überhaupt, und daraus wird dann eine lebenslange Liebe zum Theater ... wer weiß? Die kunstvoll gestalteten Figuren verzaubern immer wieder aufs Neue. *Eintritt Kinder 15 Euro, Erw. 20–37 Euro | Schwarzstr. 24 | www.marionetten.at*

SPIELZEUGMUSEUM (U C4) *(🕮 c4)*

Das Spielzeugmuseum mit Österreichs größter Sammlung zur Geschichte des europäischen Spielzeugs beherbergt die

 Bild: Wiese in Leogang

Im natürlichen Abenteuerspielplatz mit Bergen und Seen, Schluchten und Höhlen wächst das Angebot für Kinder ständig

Sammlung Folk, eine wertvolle Papiertheater- sowie eine Steifftier-Sammlung. Es gibt Spiel- und Theaterbereiche, einen Ruheraum mit Bibliothek und Aquarium, eine Raum füllende Kugelbahn, Puppentheater und Puppenhäuser zum Spielen, Kinderkino, Kinderkochkurse, eine Werkstatt zum Handwerken und Konstruieren, eine Eisenbahnanlage und eine Autorennbahn. Im Sommer zeigt das Puppentheater im Arkadenhof kindgerechte Stücke. *Di–So 9–17 Uhr | Eintritt 4,50, Kinder (bis 15 Jahre) 2, Familienkarte 9 Euro | Bürgerspitalgasse 2 | www.spielzeugmuseum.at*

FLACHGAU

JOSEPH-MOHR-HAUS IN HINTERSEE

(135 F4) (🗺 H3)

In diesem Haus lebte Joseph Mohr, der Textdichter des Liedes „Stille Nacht, heilige Nacht", zehn Jahre lang als Priester. Heute werden hier mehr als 45 reich ausgestattete Puppenstuben sowie Spielsachen, Puppen und Teddybären ausgestellt. *Mi–So 12–17 Uhr, April/Nov. geschl. | Eintritt 3,50, Kinder 2,30 Euro | im Hotel Gasthof Hintersee | www.hintersee.at*

INSIDER TIPP TEUFELSGRABEN IN SEEHAM (136 D1) (*🕮 G1*)
Hier öffnet sich eine Erlebniswelt mit Naturlehrpfad, Wasserfall und Feuchtbiotopen. Alte Mühlen und Backöfen sind ebenso zu besichtigen wie ein Armbrustschießstand. Der Wanderweg beginnt an der Toblmühlstraße (Ortsteil Malzing) und erstreckt sich über 1,5 km. *www.teufelsgraben.at*

SALZKAMMERGUT

INSIDER TIPP KINDERWELT SCHLOSS WALCHEN (136 B1) (*🕮 K1*)
Eine Ausstellung zeigt das Leben der Kinder von der Biedermeierzeit bis heute. Lachkabinett, Irrgarten, Haustierpark und viele andere Attraktionen ergänzen das Programm ebenso wie der Naturspielpark. Die Anreise ist mit dem Kinderzug von Vöcklamarkt oder Sankt Georgen am Attersee möglich. *Juli–Sept. Di–So 10–17.30 Uhr | Eintritt 5,50, Kinder 4,50 Euro | www.kinderweltmuseum.at*

MÄRCHENWANDERWEG UNTERACH AM ATTERSEE (136 B3) (*🕮 J–K 2–3*)
Auf dem Wanderweg, der durch eine abwechslungsreiche Waldlandschaft führt, werden Märchen und ihre Figuren wie Rotkäppchen, Schneewittchen und Frau Holle lebendig. Der Märchenweg ist von Unterach in Richtung Eggelsee oder über den von Nussdorf kommenden Westwanderweg zu erreichen. *www.attersee.at*

TENNENGAU UND PONGAU

ALPENFLOH-TREKKING IM GROSSARLTAL (141 D–E 3–4) (*🕮 H6–8*)
Spannende Tour für wanderbegeisterte Familien: Die Drei-Tages-Wanderung führt von Hütte zu Hütte – ganz bequem mit Bus- und Taxitransfers. Die „Mini"-Variante (tgl. Gehzeit 2–3 Std.) eignet sich für Kinder ab 4 Jahren, die „Maxi"-Variante (tgl. 3–4 Std.) für Kinder ab 6 bzw. 8 Jahren. *Tourismusverband Groß-*

Wie haben die Ritter in der Burg Mauterndorf wohl geschlafen?

arltal (Großarl 1 | Tel. 06414 281 | www.grossarltal.info)

ERLEBNISPARK GEISTERBERG IN SANKT JOHANN (141 D2) (*⊞ H6*)

Wasserspiele, Schaukeln, Wanderwege und viele andere Attraktionen bietet der Geisterberg im Sommer, Berg- und Talfahrt inklusive. *Juli–Mitte Okt. | Eintritt Berg- u. Talfahrt inkl. Geisterzug 23,50, Kinder 14,50 Euro | Alpendorf 2 | Sankt Johann im Pongau | www.geisterberg.at*

LUNGAU

ERLEBNISBURG MAUTERNDORF (142 C4) (*⊞ L8*)

Ausflug ins Mittelalter! Zuerst besichtigen die Kinder mit einem kundigen Führer den Wehrturm, danach verkleiden sie sich und spielen das Leben der Ritter nach. *Geeignet für 10- bis 16-Jährige, Dauer ca. 3 Std., Jan., März–Mitte März Di/Do 11–19 Uhr, Feb. Mo–Fr 11–19 Uhr, Mitte März–Anfang April tgl. 11–19 Uhr, Mai/Juni tgl. 10–18 Uhr, Juli/Aug. tgl. 9.30–18.30 Uhr, Sept./Okt. 10–18 Uhr | Eintritt 8,50, mit Online-Ticket ab 5,50 Euro | Info/Anm. Tel. 06472 7426 | short.travel/sal7*

GPS-SCHATZSUCHE DER KATSCHBERGBAHNEN (142 C5) (*⊞ K8*)

Mit einem GPS-Gerät Schatztruhen finden! Start der Schnitzeljagd ist am Aineck (mit Aineckbahn von der Katschberg-Passhöhe erreichbar). Von dort geht's von Schatztruhe zu Schatztruhe bergab Richtung Ziel. Anmeldung erforderlich! *Bergfahrt, GPS-Gerät-Miete und Jause: 27 Euro | Tel. 0473 48 38 88 | www.katschi.at/gps-schatzsuche.html*

INSIDER TIPP PONYALM IM GONTAL (142 C5) (*⊞ K8*)

Bei der Almsommerhütte „Pritzhütte" können Kinder Ponys beobachten, streicheln und sogar reiten. Sie erreichen die Hütte im Gontal vom Katschberg bei Sankt Michael entweder in einer einstündigen Wanderung oder bequemer in einer Pferdekutsche (tel. Anmeldung erforderlich!). *Abfahrt der Kutsche Juli/Aug. 10, 11.30, 13, 14.30 u. 16 Uhr, Juni u. Sep. 11 u. 14 Uhr | Kutschfahrt 25, Kinder (3–15 J.) 15 Euro, Ponyreiten ab 5 Euro | Pritzhütte | Gontal bei Katschberg | Tel. 06642 84 45 83 | short.travel/sal5*

PINZGAU

SPURENSUCHE IM NATIONALPARK HOHE TAUERN (138 B–C 4–5) (*⊞ B–C 7–8*)

Bei Touren der Nationalparkranger lernen Kinder die Natur des Schutzgebiets und des Rauriser Urwalds kennen. *Mitte Juli–Mitte Sept. Di | Kinder 10, mit Gästekarte der Ferienregion Nationalpark 5 Euro | Anmeldung: Nationalparkverwaltung Hohe Tauern (Gerlosstr. 18 | Tel. 06562 40 84 93 33 | www.nationalparkzentrum.at, www.hohetauern.at)*

EVENTS, FESTE & MEHR

EVENTS & NEWS

→ S. 2/3

FESTE & VERANSTALTUNGEN

JANUAR

Zu Dreikönig (6. Jan.) gibt es ***Perchtenumzüge*** (Maskenumzüge) im Gasteiner Tal, in Sankt Johann, Bischofshofen, Altenmarkt und Rauris. In Gmunden wird die ***Ankunft der drei Weisen*** über den Traunsee gefeiert, in der Umgebung Salzburgs findet das ***Aperschnalzen*** statt: Der Winter wird mit dem rhythmischen Schlagen einer Peitsche („Goaßl") vertrieben. Die ***Mozartwoche,*** das Salzburger Musikfest im Winter, ist Ende Januar der Pflege des Mozart-Œuvres gewidmet. *www.mozarteum.at*

FEBRUAR/MÄRZ

Zum INSIDER TIPP ***Fasching in Bad Aussee*** wird die Welt auf den Kopf gestellt. Sehenswert: Flinserlkostüme, Trommelweiber (verkleidete Männer) und die „Pless", hässliche, ausgestopfte Figuren.

SnowJazz Gastein: international besetztes Festival. *www.gasteinertal.com/snowjazz*

MÄRZ

Rauriser Literaturtage: Autoren aus dem deutschsprachigen Raum lesen in Bauernstuben. *www.rauriser-literaturtage.at*

APRIL

Salzburger Osterfestspiele: eine Oper und mehrere Orchesterkonzerte. *www.osterfestspiele-salzburg.at*

MAI/JUNI

Narzissenfest im Ausseer Land *(Ende Mai):* Korso von mit weißen Narzissen geschmückten Autos und Booten

Pfingstfestspiele in Salzburg. *www.salzburgerfestspiele.at/pfingsten*

JUNI

Sonnwendfeuer *(19.–21. Juni)* auf den Höhen der Hohen Tauern

Prangstangen in Zederhaus und Muhr

JULI/AUGUST

★ ● ***Salzburger Festspiele*** *(Mitte Juli–Ende Aug.):* Salzburgs Kulturhöhepunkt mit dem legendären „Jedermann". *www.salzburgerfestspiele.at*

Operettenfestspiele in Bad Ischl. *www.leharfestival.at*

Attergauer Kultursommer *(www.attergauer-kultursommer.at)* und ***Diabelli-Sommer*** *(www.diabellisommer.at)* in Mattsee: Kammermusik und Literatur

Samsonumzüge im Lungau *(www.lungauervolkskultur.com)****:*** Die biblische Figur wird durch den Ort getragen.

Ob Oper oder Perchtenumzug, Jazzfestival oder Sonnwendfeuer – es geht um die großen Gefühle und den stetigen Fluss der Zeit

Jazzfestival Saalfelden *(Ende Aug. / www.jazzsaalfelden.at)*
Bauernherbst *(Ende Aug.–Okt.)* in 81 Orten. *www.bauernherbst.com*

SEPTEMBER/OKTOBER

Ausseer Kirtag *(erstes Sept.-Wochenende):* Kirmes, Einheimische in Tracht
Mondsee-Tage *(1. Sept.-Woche):* Kultur im Schloss. *www.musiktage-mondsee.at*
Ruperti-Kirtag *(Ende Sept.)* in Salzburg. *www.rupertikirtag.at*
Salzburger Kulturtage *Mitte–Ende Okt.*
● ***Jazz in the City*** Internationaler Jazz in Salzburg – kostenlos! *www.salzburgjazz.com*

NOVEMBER/DEZEMBER

Krampusläufe: Verkleidete Schreckgestalten begleiten in Anif und Grödig den Hl. Nikolaus. Einer der größten Umzüge: 6. Dez. in Sankt Johann. *www.stjohannimpongau.at*
★ ***Adventsingen*** in vielen Orten und an jedem Adventwochenende im Salzburger Großen Festspielhaus: Singen für guten Zweck. *www.salzburgeradventsingen.at*
Christkindlmärkte: u. a. am Salzburger Dom, Schloss Hellbrunn, am Wolfgangsee und auf Gut Aiderbichl.

FEIERTAGE

1. Januar	Neujahr
6. Januar	Hl. Drei Könige
März/April	Ostermontag
1. Mai	Tag der Arbeit
Mai/Juni	Christi Himmelfahrt; Pfingstmontag; Fronleichnam
15. August	Mariä Himmelfahrt
26. Oktober	Nationalfeiertag
1. November	Allerheiligen
8. Dezember	Mariä Empfängnis
25. Dezember	Christtag
26. Dezember	Stephanitag

LINKS, BLOGS, APPS & CO.

LINKS & BLOGS

www.fraeuleinflora.at Junges Onlinemagazin für Salzburg, Tipps zu Essen, Trinken, Ausflügen, Kultur und Ausgehen

www.bergfex.at/salzburg Nicht nur der Sommer-, auch der Winterteil mit guten Panoramakarten der Skigebiete für Touren- und Alpinskilauf überzeugt

www.urlaubambauernhof.at Übersicht der Bauernhöfe, auf denen Urlaub gemacht werden kann

www.salzburg.com Online-Ausgabe der „Salzburger Nachrichten" mit topaktuellen Infos

www.salzburg-leben.at Onlineplattform für die Stadt Salzburg mit Tipps zu Essen und Trinken; auch als Smartphone-App

www.salzburg.info Offizielle Tourismuswebsite der Stadt Salzburg

www.salzburg-burgen.at Salzburgs Burgen und Schlösser und ihre Attraktionen und Programme im Überblick

www.marcopolo.de/salzburger_land Ihr Online-Reiseführer mit allen wichtigen Informationen, Highlights und Tipps, interaktivem Routenplaner, spannenden News und Reportagen sowie inspirierenden Fotogalerien

www.tennengau.com/magazin Talentierte und ortskundige Redakteure beschreiben ihre Lieblingsausflüge im Tennengau. Einfach zum Nachmachen und sehr inspirierend

blog.salzkammergut.at Glücksgeschichten aus dem Salzkammergut, Sie können gern Ihre hinzufügen

www.salzburgerfestspiele.at/blog Festspiel-News

http://salzburg-altstadt.at/magazin Shopping, Kultur oder gutes Essen: Im offiziellen Blog des Salzburger Alt-

Egal, ob für Ihre Reisevorbereitung oder vor Ort: Diese Adressen bereichern Ihren Urlaub. Da manche sehr lang sind, führt Sie der short.travel-Code direkt auf die beschriebenen Websites. Falls bei der Eingabe der Codes eine Fehlermeldung erscheint, könnte das an Ihren Einstellungen zum anonymen Surfen liegen

stadtmarketings finden Sie Anregungen und Fakten. Sehr hilfreich!

blog.salzburgerland.com Der Blog von Salzburger Land Tourismus mit vielen Tipps und Terminen

berghasen.com Zwei Outdoor-Fans beschreiben ihre Lieblingstouren im Salzburger Land und anderswo. Witzig und informativ

www.marksalzburg.at/veranstaltungen Das MARK stellt die besten Veranstaltungen zusammen

www.couchsurfing.org Rund 385 Couchsurfing-Adressen machen es möglich, Salzburg kostengünstig und hautnah kennenzulernen

VIDEOS & MUSIK

www.rts-salzburg.at Das Regionalfernsehen bringt Berichte aus dem gesamten Bundesland

www.youtube.com/user/salzburgerland Die schönsten Blickwinkel aus Salzburg und dem Salzburger Land

www.radiofabrik.at Regionales, freies Radio für junge Radiomacher. Zuhören online oder auf der Frequenz 107,5

www.servustv.com Überregionaler TV-Sender mit Sitz in Salzburg und oft wunderbaren Dokumentationen über Land und Leute

APPS

Salzburg24 Aktuelle News, Videos, Fotos und Wetternachrichten aus Salzburg gratis fürs iPhone

Frag'sApp Praktische App mit Terminen aus Salzburg-Stadt und Umgebung

Altstadt Salzburg Mittagsplaner Fasst die Mittagsmenü-Angebote von mehr als 40 Innenstadtlokalen zusammen. Beliebte App bei Einheimischen

Salzburg Verkehr Bus- und Zugverbindung in Stadt und Land Salzburg, per App können Sie Fahrscheine online kaufen

PRAKTISCHE HINWEISE

ANREISE

Fast tägliche Verbindungen nach Salzburg gibt es von Berlin, Düsseldorf, Frankfurt/Main, Hamburg und Köln mit *Eurowings* oder *Easyjet*. *Flughafen Salzburg W. A. Mozart (Tel. 0662 8 58 00 | www.salzburg-airport.com)*

In Salzburg kreuzt die Westbahn (Wien–Zürich) die Nord-Süd-Verbindung von München nach Italien bzw. Slowenien. Zwischen Innsbruck und Salzburg führt eine Strecke durch das Salzachtal, eine zweite, schnellere über Rosenheim. Täglich fahren mehrere ICE zwischen Wien und Bregenz mit Halt in Salzburg. Das Salzkammergut ist von Passau über Wels (ICE-Halt) zu erreichen. *Zentrale Zugauskunft (24 Std. Tel. 05 17 17 | www.oebb.at)*

Salzburg ist mit dem Auto von München aus am besten über die A 8 zu erreichen. Die Westautobahn führt weiter nach Wien, die Tauernautobahn A 10 über den Lungau bis nach Kärnten. Wer die österreichischen Autobahnen benutzt, benötigt eine *Vignette (Jahresvignette 87,30 Euro, für zwei Monate 25,90 Euro, für zehn Tage 9 Euro, für Motorräder 34,40 Euro bzw. 13 und 5,20 Euro)*. Vignetten für zwei Monate oder 10 Tage müssen gelocht werden. Sie sind an Tankstellen und in Automobilclubs an den Grenzen erhältlich. Für die Gerlos Alpenstraße, die Großglockner Hochalpenstraße sowie den Felbertauerntunnel besteht zusätzlich Mautpflicht.

Wenn Sie mit dem Fernreisebus etwa von MeinFernbus *(www.fernbusse.de)* oder Flixbus *(www.flixbus.de)* anreisen, kommen Sie am Salzburger Hauptbahnhof oder am Park&Ride Süd an. von Letzererem bringen Sie die Buslinien 3, 7 und 8 ins Zentrum. Vom Hauptbahnhof haben Sie Anschluss an den Nah- und Fernverkehr.

AUSKUNFT

ÖSTERREICH WERBUNG

Deutschland und Schweiz (Tel. 00800 40 02 00 00) (www.austria.info)

SALZBURGER LAND TOURISMUS GMBH

Wiener Bundesstr. 23 | 5300 Hallwang | Tel. 0662 6 68 80 | www.salzburgerland.com

GRÜN & FAIR REISEN

Auf Reisen können auch Sie viel bewirken. Behalten Sie nicht nur die CO_2-Bilanz für Hin- und Rückreise im Hinterkopf *(www.atmosfair.de; de.myclimate.org)* – etwa indem Sie Ihre Route umweltgerecht planen *(www.routerank.com)* – , sondern achten Sie auch Natur und Kultur im Reiseland *(www.gate-tourismus.de)*. Gerade als Tourist ist es wichtig, auf Aspekte wie Naturschutz *(www.nabu.de; www.wwf.de)*, regionale Produkte, wenig Autofahren, Wassersparen und vieles mehr zu achten.
Wenn Sie mehr über ökologischen Tourismus erfahren wollen: europaweit *www.oete.de*; weltweit *www.germanwatch.org*

Von Anreise bis Zoll

Urlaub von Anfang bis Ende: die wichtigsten Adressen und Informationen für Ihre Reise ins Salzburger Land

TOURIST INFORMATION MOZARTPLATZ
Mozartplatz 5 | 5020 Salzburg | Tel. 0662 8 89 87 03 30 | www.salzburginfo.at

SALZKAMMERGUT TOURISMUS MARKETING GMBH
Salinenplatz 1 | 4820 Bad Ischl | Tel. 06132 2 69 09 | www.salzkammergut.at

AUTO

Die Höchstgeschwindigkeit auf österreichischen Autobahnen ist 130, auf Bundesstraßen 100, in Orten 50 km/h. Die Promillegrenze liegt bei 0,5. Alle Pkw-Insassen müssen sich anschnallen. Es besteht Tragepflicht von Sicherheitswesten beim Aussteigen auf Autobahnen und Landstraßen. Das Telefonieren mit dem Mobiltelefon ohne Benutzung einer Freisprechanlage ist verboten (Geldstrafe: 50 Euro). 1. Nov.–15. April: Winterreifenpflicht (Schneeketten, falls vorgeschrieben; Geldstrafe bei Zuwiderhandlung 35 Euro, bei Gefährdung anderer Verkehrsteilnehmer bis zu 5000 Euro). *ÖAMTC (Pannenhilfe Tel. 120 | www.oeamtc.at); ARBÖ (Pannenhilfe Tel. 123 | www.arboe.at)*

DIPLOMATISCHE VERTRETUNGEN

DEUTSCHES HONORARKONSULAT
Dreifaltigkeitsgasse 11 | 5020 Salzburg | Tel. 0662 8 80 20 11 21 | salzburg@hk-diplo.de

SCHWEIZER HONORARKONSULAT
Morzgerstr. 44 | 5020 Salzburg | Tel. 0699 19 04 40 9

FERIEN AUF DEM BAUERNHOF & CAMPING

Tipps und Adressen gibt es bei den folgenden Institutionen:
Urlaub auf dem Bauernhof (Schwarzstr. 19 | 5020 Salzburg | Tel. 0662 8 70 57 13 41 | www.urlaubambauernhof.at)
Österreichischer Camping-Club (ÖCC) (Baumgasse 129 | 1030 Wien | Tel. 01 7 13 61 51 | www.campingclub.at)

WAS KOSTET WIE VIEL?

Kaffee	**3,50 Euro** *für 1 Großen Braunen*
MTB	**20 Euro** *Mountainbike-Leihgebühr für 1 Tag*
Almjause	**9 Euro** *für eine Portion Käse und/oder Speck, Brot mit Butter*
Mozartkugel	**1,10 Euro** *für eine originale*
Benzin	**1,35 Euro** *für 1 l Normalbenzin*
Busfahrt	**2,60 Euro** *für 1 Fahrt in Salzburg*

GESUNDHEIT

Wird die Europäische Krankenversicherungskarte (auf der Rückseite der elektronischen Gesundheitskarte) von einem Arzt nicht akzeptiert, müssen Sie die Behandlung bar bezahlen und die Rechnung bei Ihrer Krankenkasse zur Erstattung einreichen.

NOTRUF

Feuerwehr (Tel. 122); Polizei (Tel. 133); Rettungsdienst (Tel. 144); Ärztenotdienst (Tel. 141); Alpinnotruf (Bergrettung) (Tel. 140)

ÖFFENTLICHE VERKEHRSMITTEL

In der Stadt Salzburg ist man bestens mit den Öffis unterwegs. Die kostenlose App *Salzburg Verkehr* informiert über Fahrplan und Busse in der Stadt plus Lokalbahn in der Nähe *(salzburg-verkehr.at)*. Unter *salzburg-verkehr.at* finden Sie Verkehrsverbindungen im Salzburger Land inklusive Preise. Die stadtnahen Gaue (Tennengau, Flachgau, Pongau) sind mit Öffis gut erreichbar. Bei Ausflügen in den Pinzgau und Lungau ist ein Mietwagen empfehlenswert.

ÖFFNUNGSZEITEN

Supermärkte: Mo–Fr 8–19, Sa 8–17 Uhr, So nur in den größeren Tourismusgemeinden geöffnet. Postämter: Mo–Fr 8–12 u. 14–18 Uhr, Banken: Mo–Fr 8–12.30 u. 13.30–15 Uhr.

POST

Das Porto für Standardsendungen (bis 20 g) beträgt EU-weit 80 Cent.

RADFAHREN

Sie können Salzburg auch mit dem Fahrrad erkunden. Leihfahrräder gibt es am Mozartplatz bei *Active Velo (Tel. 0662 4355950)* und am Ferdinand-Hanusch-Platz neben dem Makartsteg beim Fahrradverleih *City-Bike (Anmeldung 1 Euro, 1. Std. gratis | Ferdinand-Hanusch-Platz | www.citybikesalzburg.at)*. Unter *www.salzburgrad.at* finden Sie Informationen zu längeren Radtouren inkl. Übernachtungen und Gepäcktransport.

SALZBURG-CARD & SALZBURGER-LAND-CARD

Die *Salzburg-Card (Nov.–April 24-Std.-Karte 24 Euro (Hauptsaison 27 Euro), 48 Std. 32 Euro (37 Euro), 72 Std. 37 Euro (43 Euro), Kinder halber Preis | www.salzburginfo.at)* gewährt einmaligen Gratiseintritt in alle Museen und Schlösser sowie andere kulturelle Einrichtungen und enthält Vergünstigungen und Ermäßigungen für Veranstaltungen sowie die kostenlose Benutzung der öffentlichen Verkehrsmittel; auch Packages sind möglich (Salzburg-Card plus Übernachtungen). Erhältlich ist die Bonuskarte bei Infostellen, an Hotelrezeptionen oder online. Die *Salzburger-Land-Card (gültig Mai–26. Okt. | 6-Tage-Karte 66 Euro, 12-Tage-Karte 81 Euro, Kinder 6–15 Jahre halber Preis (unter 6 Jahren gratis) | www.salzburgerlandcard.com)* gewährt freien bzw. vergünstigten Eintritt zu mehr als 190 Sehenswürdigkeiten, zu Kulturattraktionen und Ermäßigungen für Verkehrsmittel. Gibt's in Tourismusbüros und online.

STADTTOUREN

Staatlich geprüfte, einheimische Stadtführer zeigen Ihnen Salzburgs berühmte Plätze ebenso wie die verborgenen. Die Themenangebote reichen von „klassisch" bis „Salzburg barock" oder „Salzburg weiblich" *(Büro Mo–Fr 8–16 Uhr | Tel. 0662 84 04 06 | www.salzburg-guide.at)*. Täglich gibt es eine Mittagsführung durch die Altstadt *(12.15 Uhr ohne Anmeldung | 10 Euro/Pers. | Mozartplatz 5)*. Stadtrundfahrten und Ausflüge ins Umland: *www.panoramatours.at*

TELEFON & HANDY

Bei Anrufen aus dem Ausland entfällt die 0 der Ortsvorwahl. Vorwahl nach Deutschland 0049, Schweiz 0041, Österreich 0043. Roaminggebühren beim mobilen Telefonieren innerhalb von EU-Staaten gibt es nicht mehr, doch Vorsicht: Dies bedeutet nicht, dass eine Flatrate fürs deutsche Netz automatisch eine Flatrate für das österreichische ist. Fürs mobile Surfen gelten jeweils die Bedingungen Ihres konkreten Vertrags und Anbieters. Bitte prüfen Sie deshalb Ihre Konditionen vor der Reise. Österreichische Anbieter: *www.a1.net, www.hot.at, www.yesss.at, www.t-mobile.at, www.telering.at, www.drei.at*.

WLAN

In der Stadt Salzburg, vor allem auf den Plätzen in der Innenstadt, in vielen Cafés und Restaurants werden kostenlose WLAN-Hotspots über *www.salzburg-surft.at* angeboten (5–24 Uhr). Auch im Salzburger Land bieten zahlreiche Wanderregionen, Skigebiete sowie nahezu alle Hotels und Cafés Free-WIFI. Wo Sie im Salzburger Land oder im Salzkammergut kostenlos surfen können, erfahren Sie auf: *www.wlanmap.com*.

ZOLL

Innerhalb der EU dürfen Sie Waren zum persönlichen Gebrauch frei ein- und ausführen: beispielsweise bis 800 Zigaretten, 200 Zigarren, 1 kg Tabak, 10 l Spirituosen, 20 l Likör, 90 l Wein (davon max. 60 l Schaumwein) und 110 l Bier. Für Reisende aus Nicht-EU-Ländern gelten folgende Grenzen: 200 Zigaretten oder 50 Zigarren oder 250 g Tabak, 1 l Spirituosen, 16 l Bier, 4 l nicht schäumender Wein. *www.zoll.de*

WETTER IN SALZBURG

	Jan.	Feb.	März	April	Mai	Juni	Juli	Aug.	Sept.	Okt.	Nov.	Dez.
Tagestemperaturen in °C	2	4	10	14	19	22	24	23	20	14	8	3
Nachttemperaturen in °C	-6	-5	-1	4	8	11	13	13	10	4	0	-4
Sonnenschein Stunden/Tag	2	3	5	6	7	7	7	7	6	5	2	2
Niederschlag Tage/Monat	12	11	10	13	14	15	15	14	12	10	10	11

Sonnenschein Stunden/Tag Niederschlag Tage/Monat

REISEATLAS

Verlauf der Erlebnistour „Perfekt im Überblick"
Verlauf der Erlebnistouren

Der Gesamtverlauf aller Touren ist auch in der herausnehmbaren Faltkarte eingetragen

 Bild: Krumltal, Bräualm

Unterwegs im Salzburger Land

Die Seiteneinteilung für den Reiseatlas finden Sie auf dem hinteren Umschlag dieses Reiseführers

DEUTSCHLAND
ÖSTERREICH
Trostberg
Altenmarkt an der Alz
Traunreut
Traunstein
Chieming
Chiem-see
Grabenstätt
Übersee
Bergen
Siegsdorf
Surberg
Teisendorf
Waging am See
Wonneberg
Ruhpolding
Inzell
Bad Reichenhall
Bayerisch Gmain
Schneizlreuth
Unken
Lofer
Sankt Martin bei Lofer
Pass Luftenstein
Waidring
Sankt Ulrich am Pillersee
Sankt Jakob in Haus
Fieberbrunn
Chiemgauer Alpen
Deutsche Alpenstraße
Deutsche Ferienroute Alpen-Ostsee
Loferer Steinberge
Reiter Alpe
Nationalpark
Salzburg
Tirol
Hochfelln
Zinnkopf
Sonntagshorn
Steinplatte
Teufelsklamm
Seisenbergklamm
Lamprechtsofenloch
Ramsau b. Berchtesgaden
Tachinger See
Waginger See
Thumsee
Saalach See
Fridolfing
St. Johann
Kirchanschöring
Anger
Weißbach bei Lofer
5 km
3.11 mi

139

Moosdorf
Vormoos
Siegertshaft
Parz
Naturfreunde-haus
Kirchberg bei Mattigh.
Heiligenstatt
Schneegattern
Lielon-B.
Salzburg
Gumperding
Kersch-ham
Teichstätt
Maxdorf
Abteimus.
Dorfbeuern
Weikertsham
Babenham
Geretseck
Schwerting
Michaelbeuern
Palting
Lochen am See
Friedburg
Forstern
Vorau
Lauterbach
Perwang am Grabensee
Astätt
Lengau
Pöndorf
Lamprechts-hausen
Berndorf bei Salzburg
Niedertrum
Obermühlham
Riedlkam
Grabensee
Reitsham
Roithwalchen
St. Alban
Eitelsberg
Fraham
Tannberg 785
Straßwalchen
Irrsdorf
Arnsdorf
Mattsee
St. Michael
Mattsee (Niedertrumer See)
Erlebnispark Straßwalchen
Fr.-Xaver-Gruber-Mus.
Seeham
Mölkham
Nußdorf am Haunsberg
Freilicht-mus.
Irrsberg
Göming
Buchberg 801
U.L.Frau Geburt
Steindorf
Oberhofen am Irrsee
Kemating
Köstendorf
843
Oberndorf bei Salzb.
Obertrumer See
Schleedorf
Neumarkt am Wallersee
Pfongau
Sighartstein
Gastein
Obertrum am See
Tödtleinsdorf
Weng
Sommerholz
Barockstr.
Haslau
Irrsee
Weitwörth
Wallersee-Zell
Hankham
Hauns-B. 836
Wallersee
Wildeneck
Hasenkopf 895
Harpoint
Domstr.
Seewalchen
Zell am Moos
Triebenbach
Seekirchen am Wallersee
Henndorf am Wallersee
Zeller See
Tiefgraben
Acharting
Fischtaging
Stiftskirche
Anthering
Gr. Plaike 1034
1114
Oberösterreich
Salzburg
SKGLB Mus.
Surheim
Elixhausen
Kirchberg
Kolomanns-B.
Mondsee
1029
Eugendorf
Hochgitzen 674
Hallwang
Mondsee
Mondsee
Muntigl
Kasern
A1
E60
Thalgau
Bergheim
Fischach
Wallersee Barock-str.
Oberdorf
Hörlbach
Söllheim
Unter-dorf
Thalgau
Zum Hl. Martin
Kleßheim
Liefering
Heuberg 899
Plainfeld
Rauchhaus
Salzburg-Ring
Sankt Lorenz
1329
Itzling
Langwied
Guggenthal
Hof bei Salzburg
Schloss Fuschl
Schober
Drachen-wand
Kleßheim
Siezen-heim
Gaisberg 1287
13%
Koppl
Fuschlsee
Fuschl am See
Flughafen
Schloss Mirabell
Parsch
Messerschmiede-mus.
Lidaun 1237
Wals
Dom
Maxglan
Feste Hohensalzburg
(424)
Ebenau
Schl. Hüttens.
S.-West
Flugh. Salzburg
SZG
SALZBURG
1157 Gurlspitze
Faistenau
Kn. Salzburg
Morzg
St. Gilgen
(546)
Leopolds-kron
Strubklamm
Tiefbrunnau
Mozarteum
Walserberg
Elsbethen
Schwarzenberg
Vordersee
Rannberg 1362
Salzburger Freilicht-museum
Eichet
Anif
Ochsenberg 1483
Zeppezauer-H.
Glanegg
S.-Süd
Sankt Jakob am Thurn
Wiestal-stausee
Hintersee
Gstätten-schuster
Grödig
Kurhot.
1522
Zwölfer-H.
Sankt Leonhard
E55
Puch/Urstein
Wieserhörndl 1568
Niederalm
A10
Krispl
Spielberg-Alm
Hintersee
Salzb. Hochthron 1853
Puch bei Hallein
Königsberg
Schellenberger Eishöhle
Au
Gaißau
12%
ÖSTERREICH
Marktschellenberg
Oberalm
Adnet
1353
Waidach
Knoglberg
Lämmerbach
Schrein
1973
Hallein
Halleiner H.
Schmittenstein 1696
Vorderettenberg
Unterstein
Kelten-mus.
Hallein
Barockkirche
Salz-bergwerk
Sankt Margarethen
Gruberhorn 1734
Hoher Zinken 1764
Neusieden
Bad Dürrnberg
Bad Vigaun
Almbachklamm
Bergwerks-mus.
St. Barbara-Therme
Hundsgfölloch
1189
Kneifel-Sp.
Barock-kirche
Oberau
Sommerau
X-V
Wimmeralm
Unt.-Salzberg
Unterau
Trattberg 1757
Feuchter Keller
Hochwieskopf 1754
Maria Gern
Salzbergwerk
Roßfeldhütte
Roßfeldstr.
Kuchl
Jadorf
Sankt Koloman
Mundart-archiv
Seewald
Berchtesgaden
24%
Therme Watzmann
Obersalzberg
Kuchl Pfarrk.
Kp. Wilhelm
15%
Schönau am Königssee
Ahornbüchsenkopf 1604
Strubau
Tennengau
Einberg 1689
Oberschönau
(578)
Unterschönau
1885
Kehlstein
Golling an der Salzach
Schwarzer B.
1585
Aubachfall
Voglau
Gollinger Wasserfall
Hoher Göll 2522
Scheffau am Tennengebirge
Lammeröfen
Golling
Grünstein-Haus
Königssee
Dürr-eckstr.
Kesselalpenhöhle
Strubberg 1205
Zum hl. Blasius
Golling
Salzachöfen
2340
Malerwinkel
1871
Jenner
Kratz-Sp.
Pass Lueg (552)
Oberscheffau
Abtenau
Arlerhof
Bärenhöhle
1758
REICH
Karalm
Salzach
Frauenofen-höhle
Scheibling-K. 2289
Gr. Breitstein 2161
Lindwurmhöhle
Gotzentalalm
Hagengebirge
Tristkopf 2110
Pass Lueg
2350
Kahlersberg
Sulzau
Hochkogel
Tennengebirge
2281
Eisriesen-welt
Bleikogel 2411
Obersee
Fischunkelalm
Berchtesgaden
Pitzkogel 2288
Dr.-Friedrich-Ödl-Hs.
Eiskogel 2321
2361
Raucheck 2431
Hochthron
2249

141

A
B
C
1
2
3
4
5
6
Naturfreunde-haus
Gmeineck
Außerhörgersteig
Neukirchen a. d. Vöckla
Dreschmaschinen-mus.
Redl
Attnang-Puchheim
Geretseck
Meisterholz
Walligen
Fornach
Pfaffing
Zeiling
Neuwartenbg.
Außerungenach
Forstern
Bergham
Mörasing
Hörgattern
Timelkam
Obermühlham
Pöndorf
Vöcklamarkt
Witzling
Dürre Ager
Vöcklabruck
Frankenmarkt
Mösendorf
Haid
Gampern
Kinderweltmus.
Zum hl. Remigius
Schwaigern
Walchen
Schmidham
Reichenthalheim
Pettighofen
Oberregau
Regau
Lenzing
Attergaubahn
Baum
Steindorf
Rutzenmoos
Kemating
Schörfling
Aurach am Hongar
Oberhofen am Irrsee
Weißenkirchen im Attergau
Walsberg
Hipping
Seewalchen am Attersee
Schörfling am Attersee
Hainbach
Kogl
Berg im Attergau
Buchberg
Pfahlbauten
Freudenthal
Barockstraße
Haslau
Sankt Georgen im Attergau
St. Georgen
Häfelberg
Schindel-B.
Lichtenberg
Stottham
Mariae Himmelf.
Alpenberg
Hongar
Harpoint
Wildenhag
Attersee am Attersee
Gahberg
Saurüsselkogl
Straß im Attergau
Kronberg
Abtsdorf
Weyregg am Attersee
Zell am Moos
Tiefgraben
Großenschwandt
Bach
Richtberg
Reindlmühl
Nußdorf am Attersee
Rath
Roßmoos
Alexenau
Neukirchen
SKGLB Museum
Mondseeberg
Oberwang
Wildpark Hochkreuz
Mondsee
Parschallen
Salzkammergut Seenrundfahrt
Inner-schwand a. Mondsee
Kulmsp.
Pfahlbau-mus.
Seefeld
Hörlbach
Radau
Stockwinkl
Hochlecken-H.
Jagdschloss
Langbathsee
Loibichl
Steinbach am Attersee
Sankt Lorenz
Höblings-K.
Hochplettspitze
Hausmühle
Höllengebirge
Grünalm-Kg.
Kesselgupf
Unterach am Attersee
Schober
Drachen-wand
Gries
Pichl-Auhof
See
Weißenbach am Attersee
Schoberstein
Gr. Höllkogel
Rieder-H.
Scharfling
Fuschl am See
Schl. Hüttenstein
Hot. Kreuzstein
Buchberg-H.
Burgau
Hohe Rehstatt
Österreichische Romantikstraße
Schafberg
St. Gilgen
Schafberghotel
Burggrabenklamm
Scheffel-Dkm.
Falkenstein
Breiten-B.
Schwarzensee
Langwies
Mozarteum
Lueg
Schafbergbahn
Leonsbg.
Mitterweißenbach
Hochzeitskrz.
Sankt Wolfgang im Salzkammergut
Gschwand
Zwölfer-H.
Wallf.k. St. Wolfgang
Puppenmus.
Radau
Hohe Schr.
Brennwald-Schacht
Abersee
Schwarzenbach
Fotomuseum
Kaiservilla
Österr. Romantikstr.
Strobl
Kaisertherme
Bad Ischl
Königsberg-Schacht
Sommerrodelbahn
Salzkammergut Seenrundfahrt
Filmmuseum
Reiterndorf
Lämmerbach
Schreinbachfall
Wildpark
Kleefelder Hof
Hainzen
Perneck
Wieslerhorn
Bleckwand
Salzkammergut Bundesstraße
Salzbergwerk
Hoher Zinken
Rinnkogel
Lauffen
Postalm
Strobler H.
Weißenbach
Predigtstuhl
Welser-H.
Salzburg
Oberösterreich
Hochwieskopf
Bad Goisern am Hallstättersee
Holzknechtmus.
Lasern
Pötschenpass
Außerlienbach-Alm
Herndl
Gamsfeld
Hohe Knall-H.
Ramsau
St. Agatha
Einberg
Goiserer H.
Hochkalm-B.
Au
Tennengau
Taborberg
Rußbach am Pass Gschütt
Pass Gschütt
Österr. Romantikstraße
Steeg
Untersee
Hoher Sarstein
Voglau
Stocker
Gosau
Hallstätter See
Lammer
Lammerer
Zum hl. Blasius
Abtenau
Lindenthal
Prähistor. Museum
Hallstatt
Bad Abtenau
Mariae Himmelf.
Obertraun
Arlerhof
Zwieselalmhaus
Freilichtmus. Gosauschmied
Lahn
Winkl
Karalm
Zwieselberg
Gablonzer H.
Gr. Schwarzkogel
5 km
3.11 mi
Gr. Breitstein
Gerehof u. Hagenmühle
Gr. Donner-Kg.
Vd. Gosausee
Mammuthöhle
Tennengebirge
Annaberg i. Lammertal
Gosaukamm
Scharwand-H.
Tiergarten H.
Wiesberg-H.
Krippenstein
Dachstein
Bleikogel
Salzburger Dolomitenstraße
Th.-Körner-H.
Ht. Gosausee
Simony-H.
Lungötz
Mahdalm-H.
Adamek-H.
Hochkessel-K.

D
E
F
Dessel-brunn
Viecht
Roitham
Palmsdorf
Haag
Kößlwang
Schnelling
Wipfing
Eberstalzell
Zenndorf
Helmberg
Ried i.Traunkr.
Ried i.T.
Reuharting
Mühltal
Hallwang
Steinling
Mayersdorf
Innerroh
Außerroh
Lindach
Feldham
Adlhaming
Spieldorf
Gundendorf
Voitsdorf
Diepersdorf
Deutenham
Steyrermühl
Vorchdorf
Fischböckau
Eggenberg
Diethaming
Eichham
Theuerwang
Lungendorf
Römerstr.
Z.Hl. Kilian
Ehrnsdorf
Wartberg a.d.Krems
Laakirchen
Thal
Ölling
Einsiedling
Egenstein
Pfaffing
Bergern
Barockstr.
Schachadorf
Nußbach
Kirchham
Aggsbach
Wasserhub
Langpettenbach
Auern
Göritz
Kranabeth
Danzlau
Schriften-mus.
Pettenbach
Pogmunk
Wimberg
Ohlsdorf
Dürn
Pratsdorf
Hofern
Barockstr.
Eisengattern
Feichtenberg
Heiligenleithen
Haselböckau
Sautern
Schlierbach
Oberndorf
Oldtimer-mus.
Kaltenmarkt
Riedel
Wanzbach
Zisterzienserabtei
Schl. Cumberland
Gschwandt
Magdalenaberg
Weigersdorf
Seisenburg
Inzersdorf i.Kremstal
Inzersdorf i. K.
Traundorf
St. Konrad
Viechtwang
Pernecker Kogel
Krems
Galgenau
Dorf
Hausmanning
Seeschloss
Edt
Haid
Kriminalmus.
Steinfelden
1080
Kirchdorf a.d.Krems
Neupernstein
Weinzierl
Österr. Romantikstr.
Dorf
Mühldorf
Scharnstein
Tissenbach
Eisenstr.
886
Grünberg
Laudachsee
Steineck
Matzing
Grubbach
Hochsalm
1405
Steinbach am Ziehberg
Ottsdorf
Kremsdorf
Thurnham
Micheldorf in Oberösterreich
Traunsee
1691
Traunstein
1418
Almegg
Redlmühl
Märchenwald
In der Krems
Schön
Traunstein
Zwillingskogel
1402
Grünau i.Almtal
Zum hl. Jakob d.A.
Grünaubach
Falkenmauer
Kienberg
Schedlbauer
Traunkirchen
Johannes-Kirchlein
1569
Kremsmauer
Eisen-
Gasslkogel
1411
Heckenau
Kinderland
1424
Hochedl
Klaus a.d.Pyhrn
Gasslhöhle
Fischerau
Almtal
Römerstr.
Ebensee
Grünangerl
1025
1747
Kasberg
Hochstein
1405
Steyrling
Steyrling
Preisegg
Rindbach
Cumberland Wildpark
Roith
1598
Eibenberg
Steinberg
1458
Habernau
Hetzau
Habichtkogel
1142
Steyrbrücke
Bernerau
St.Pankraz
Gr. Ödsee
Almsee
Offenseealm
1517
Arikogel
Offensee
Österreichische Romantikstr.
Seehaus
Hohes Eck
1270
Kleiner Priel
2136
Eisenstr.
Oberösterreich
Steiermark
Eishöhle
2093
Schönberg
Großer Woising
2064
Zwölferkogel
2099
2396
Großer Priel
Schermberg
2515
Schutzhöhle
Ischler H.
Totes Gebirge
Rotgschirr
2270
Spitzmauer
2446
Alpineum
Hinterstoder
Stodertal
Naturschutzgebiet
Elm
2128
Großer Hochkasten
2389
Dietlgut
Weißenbach
Hinterberg
Vd. Lahngangsee
Eishöhle
Hebenkas
2285
Huttererhöß
1853
Loser
1837
Sonnenkraftwerk
Backenstein
1771
Grundlsee-
Schachen
Fischerndorf
Gaiswinkel
Hopfgarten
Gößl
Toplitzsee
Weiße Wand
2198
Steyrursprung
Hochmölbing
2336
Altausseer See
Grundlsee
Grundlsee
Mitterau
Wienern
Großer Tragl
2175
Almkogel
2122
Aussee
Türkenkogel
1756
Totes Gebirge
Raidling
1909
Lawinenstein
1965
Tauplitzalm
Kammerhof-mus.
Äußere Kainisch
Salzkammergut Bundesstr.
Hechlstein
1814
1854
Pichl-
Obersdorf
Bad Mitterndf.
Tauplitz
Rödschitz
Mühlreith
Kainisch
Zauchen
Furt
Zlem
Maitschern
Wörschach
Thörl
Grabnen
Krungl
Sprungschanze
Zum hlg. Georg
Niederhofen
Stainach
Pürgg
Ketten
Neuhofen
Unterburg
Untergrimming
Salla-bg.
Aigen im Ennstal
Schlattham
Bad Heilbrunn
Grimming
2351
Trautenfels
Landsch-mus.
Lantschern
NSG
Hochmühleck
1731
Zwölfer
2146
Irdning
Schloss Pichlarn
Kemetgebirge
XI-IV
Niederstuttern
Gatschen
Hirzberg
2051
Diemlern
Enns
Kapuzinerkloster
Gumpenstein
Winklern
Raumberg
143

Schönau
Angath
Anger-
Angath
Bad Häring
Francisbad
Stockach
Söll
Ellmau
Going
am Wilden Kaiser
Reisch
Oberndorf
in Tirol
Wörgl-Ost
Wörgl-W
Bruggermühl
Kleinsöll
Wörgl
Schwendterdörfl
Hartkaiserbahn
Reith
bei Kitzbühel
Liesfeld
Lahnthal
Kundl
Itter
Hohe Salve
Keat-A.
Sankt Leonhard
Zauberwinkl
Hopfgarten
im Brixental
1827
Brixen
im Thale
Bockern
Gundhabing
Kundler Klamm
Niederau
Oberau
Bergbauernmus.
Penning
Haslau
Feichten
Hof
Kirchberg
in Tirol
(837)
Westendorf
Hahnenkamm
Mühltal
1497
Markbachjoch
Asten
Hörbrunn
Holzham
Windam
Ehrenbachhöhe
1802
Steinberg-Kg.
1971
Auffach
Gampen-Kg.
1956
1848
Schwarzenau
Schatzberg
Feldalpenhorn
1920
Kelchsau
Rettenbach
Brechhorn-Hs.
Gründau
Aschau
Pengelstein
1939
Brechhorn
2031
Jägerhäusel
Schönangeralm
1985
Breitegg
Lodron
1925
Steinberghaus
Falkenstein
Gr. Galtenberg
Gr. Beil
2309
2424
Moderstock
ÖSTER
XII-II
Wegscheid
Trattenbr.-A.
Kar-A.
Gr. Rettenstein
2366
Kl. Rettenstein
2217
Erla Brennhütte
2237
Tirol
Salzburg
Gmünder H.
Martl-Erlau
Neue Bamberger H.
Kröndl-H.
Baumgarten-A.
1894
Resterhöhe
Regenfeldjoch
2258
Fromm-A.
2466
2444
2299
Frühmesser
2233
Steinkogel
Markkirchel
Salzachgeier
Trattenbach A.
Bergbaumus.
Wildkogel
2224
Bramberg
am Wildkogel
Mühlbach
Wildkogel-Hs.
Katzenkopf
2535
2329
Kastenwenden-K.
2315
Königsleiten-Sp.
Salzach
Gernkogel
2267
Neukirchen
am Großvenediger
Hohenbramberg
Wenns
Krimml-A.
Königsleiten
(1531)
20%
17%
Rosenthal
Schönbach
2558
Kreuzjoch
Gerlos-
pass
2039
14%
Krimml
Wald
im Pinzgau
Sulzau
Bergfried
Pinzgauer
Lokalbahn
Habachtal
Sulzbachfall
Breitkopf
2420
Gerlos
Gmünd
38
Platten-Kg.
Gerlos-
straße
Speicher
Gmünd
2049
Speicher
Durlaßboden
Krimmler
Wasserfälle
Kraut-
garten
2024
Obersulzbachtal
Untersulzbachtal
Wimmertal-A.
Trissel-A.
Hüttelal-K.
2854
Enzianhütte
Wechsel-Sp.
2633
Wildkar-Sp.
3073
2962
Seebachfall
Berndl-A.
Breitfuß
Alpen-
rose
Sendel-Sp.
2879
Zittauer H.
Seebach-
see
Leiter-Kg.
2988
Hochstein-
2766
Fläche
Unt. Gerlos-S.
Rainbach-Kg.
3029
Foiskar-Kg.
Venediger
Rotkopf
2820
Zillerkopf
2997
Reichen-Sp.
2530
Krimmler Ache
Habachkees
Hohe Fürleg
3244
Aukar-A.
Kuchelmooseck
3303
Nationalpark
Keeskogel
3291
2995
Plauener H.
Richter-H.
Schlieferspitze
Neue Prager H.
Speicher
Zillergründl
Salzburg
Tirol
Achental
3289
Kürsinger H.
Kleinvenediger
3477
3666
Schlatenkees
3147
Zillerplatten-Sp.
Gamsspitzl
Großvenediger
Naturpark
Zillertaler
Alpen
Glockenkarkopf
2913
Krimmler
Tauern
2982
Vetta
d'Italia
(2633)
2888
Großer Geiger
3360
Mullwitzkees
Heiliggeist-
Jöchl
Warnsdorfer H.
(2669)
Rauchkofel
3251
(2658)
F. di Ila
Campo
P.so
dei Tauri
Birnlücke
Rif. Tridentina
Birnlücker H.
Maurer-Kees
Defregger-H.
3097
Hohe Warte
M.Fumo
Napfspitz
3193
C.maCadini
Pratomagno
Prastmann
Fonte alla Roccia
Trinkstein
Dreiherrnspitze
3499
P.co dei Tre Signori
Roßhuf
3199
Casere
Kasern
X-V
18%
Parco
Essen-
Rostocker H.
Schlüssel-Sp.
2778
Predoi
Prettau
(1595)
Canova
Neuhaus
Rif. Giogo Lungo
Lenkjöchl-H.
Umbalkees
Hohe
P.zo
Rosso di Predoi
3495
Rötspitze
Quirl
3251
S.Pietro
St.Peter
Vedrette
S.Giacomo
St.Jakob i.Ahrn
ITALIA
P.zo
Cucchiaio
3132
Löffelspitze
Clara-H.
Gumpachfall
Bichl
Hinterbichl
Ahrntal
di
Gabelspitze
3071
3156
Hohes Kreuz
Umbaltal
13%
1145
Ahrntal
Ries-Aurina
Cadipietra
Steinhaus
5 km
3.11 mi
M.ga dei Dossi
Knutten-Alm
1925
(2298)
P.so
di Gola
Klamml-
joch
Totenkar-Sp.
3133
Bergersee-H.
Berger-H.
2656
Tauern
C.ma Dura
Durreck
3130
Triangolo
3031

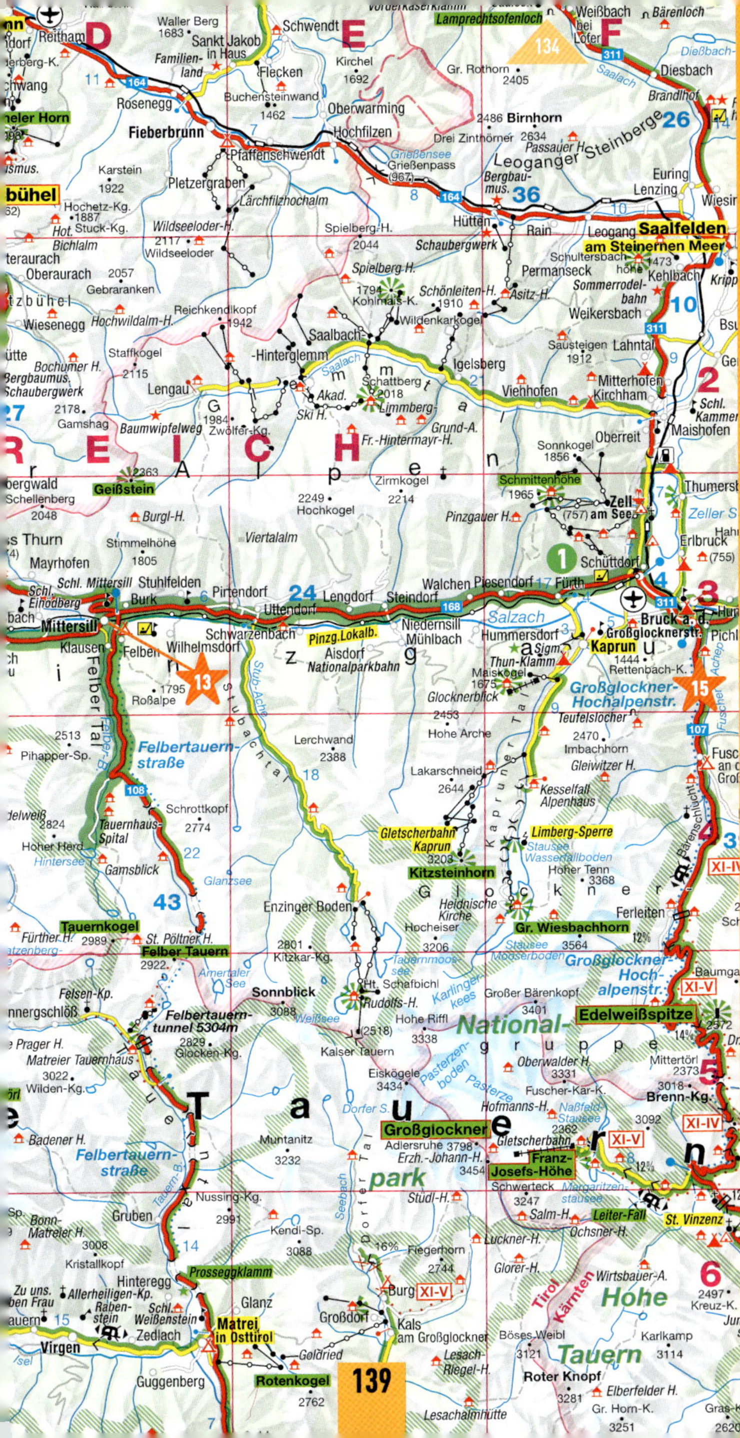
Lamprechtsofenloch
Weißbach bei Lofer
Bärenloch
134
D
E
F
Waller Berg 1683
Reitham
Sankt Jakob in Haus
Schwendt
Familien-land
Flecken
Kirchel 1692
Gr. Rothorn 2405
Dießbach-
Diesbach
Saalach
Rosenegg
Buchensteinwand 1462
Oberwarming
Brandlhof
Fieberbrunn
Hochfilzen
2486 Birnhorn
Drei Zinthörner 2634
Passauer H.
Pfaffenschwendt
Grießensee
Grießenpass (967)
Leoganger Steinberge
26
Karstein 1922
Pletzergraben
Lärchfilzhochalm
Bergbau-mus.
36
Euring
Lenzing
Wiesing
Hochetz-Kg. 1887
Stuck-Kg.
Wildseeloder-H.
2117
Wildseeloder
Spielberg-H. 2044
Hütten
Rain
Leogang
Saalfelden am Steinernen Meer
Schaubergwerk
Schultersbach
Bichlalm
Oberaurach
2057
Gebraranken
Spielberg-H.
1794
Kohlmais-K.
Schönleiten-H.
Asitz-H.
Permanseck
Sommerrodel-bahn
Kehlbach
10
Reichkendlkopf 1942
1910
Wildenkarkogel
Weikersbach
Wiesenegg
Hochwildalm-H.
Saalbach-
-Hinterglemm
Sausteigen 1912
Lahntal
Staffkogel 2115
Bochumer H.
Bergbaumus.
Schaubergwerk
Lengau
Saalach
Schattberg 2018
Igelsberg
Mitterhofen
Kirchham
2
Akad.
Ski H.
Limmberg-
Viehhofen
Schl. Kammer
Maishofen
2178
Gamshag
Baumwipfelweg
1984
Zwölfer-Kg.
Fr.-Hintermayr-H.
Grund-A.
Sonnkogel 1856
Oberreit
REICH
Kitzbüheler Alpen
2363
Geißstein
Schellenberg 2048
Burgl-H.
2249
Hochkogel
Zirmkogel 2214
Schmittenhöhe 1965
Zell am See (757)
Thumersbach
Zeller See
Pinzgauer H.
Erlbruck (755)
Viertalalm
Stimmelhöhe 1805
Mayrhofen
Schl. Mittersill
Stuhlfelden
1
Schüttdorf
Schl. Einödberg
Burk
Pirtendorf
24
Lengdorf
Steindorf
Walchen
Piesendorf
17
Fürth
4
3
Mittersill
Uttendorf
168
311
Salzach
Bruck a. d. Großglocknerstr.
Klausen
Felben
Schwarzenbach
Wilhelmsdorf
Niedernsill
Mühlbach
Hummersdorf
Kaprun
Pichl
Pinzg. Lokalb.
Aisdorf
Nationalparkbahn
Sigmund-Thun-Klamm
1444
Rettenbach-K.
13
1795
Roßalpe
Stubache
Maiskogel 1675
Großglockner-Hochalpenstr.
15
Felber Tal
Glocknerblick
2453
Hohe Arche
Teufelslöcher
2470
Imbachhorn
107
Fuscher Ache
2513
Pihapper-Sp.
Felbertauern-straße
Lerchwand 2388
Gleiwitzer H.
Lakarscheid 2644
Stubachtal
18
Kesselfall Alpenhaus
108
Schrottkopf 2774
Edelweiß 2824
Tauernhaus-Spital
Hoher Herd
Hintersee
Gamsblick
22
Gletscherbahn Kaprun
3203
Kitzsteinhorn
Limberg-Sperre
Stausee Wasserfallboden
Hoher Tenn 3368
Glanzsee
Kapruner Tal
Enzinger Boden
Heidnische Kirche
Hocheiser
3206
Glocknergruppe
Ferleiten
43
Tauernkogel
Further H.
2989
St. Pöltner H.
Felber Tauern 2922
2801
Kitzkar-Kg.
Tauernmoossee
Gr. Wiesbachhorn 3564
Stausee Mooserboden
Großglockner-Hochalpenstr.
12%
XI-V
Amertaler See
Sonnblick
Felsen-Kp.
Innergschlöß
3088
Weißsee
Ht. Schafbichl
Rudolfs-H.
(2518)
Karlinger kees
Großer Bärenkopf 3401
Edelweißspitze
2572
Felbertauern-tunnel 5304m
Prager H.
2829
Glocken-Kg.
Hohe Riffl 3338
National-
14%
Matreier Tauernhaus
3022
Wilden-Kg.
Kalser Tauern
Pasterzen-boden
Oberwalder H. 3331
Mittertörl 2373
3018
Brenn-Kg.
Eiskögele 3434
Pasterze
Fuscher-Kar-K.
T a u e r n
Dorfer S.
Hofmanns-H.
Naßfeld-Stausee
3092
XI-IV
Großglockner
2362
Gletscherbahn
XI-V
Badener H.
Muntanitz 3232
Felbertauern-straße
Adlersruhe 3798
Erzh.-Johann-H. 3454
Franz-Josefs-Höhe
12%
park
Dorfer Tal
Seebach
Schwerteck 3247
Margaritzen-stausee
Nussing-Kg.
2991
Studl-H.
Salm-H.
Leiter-Fall
St. Vinzenz
Gruben
Bonn-Matreier H.
3008
Kendl-Sp. 3088
Luckner-H.
Ochsner-H.
14
Kristallkopf
16%
Figerhorn 2744
Glorer-H.
6
Hinteregg
Prosseggklamm
Tirol
Kärnten
Wirtsbauer-A.
Hohe
2497
Kreuz-K.
Zu uns. lieben Frau
Allerheiligen-Kp.
Raben-stein
Schl. Weißenstein
Glanz
Burg
XI-V
Großdorf
Zedlach
Matrei in Osttirol
Kals am Großglockner
Böses Weibl 3121
Karlkamp 3114
Virgen
Goldried
Lesach-Riegel-H.
Tauern
Guggenberg
Rotenkogel 2762
Roter Knopf 3281
Elberfelder H.
Gr. Horn-K. 3251
Lesachalmhütte
2620

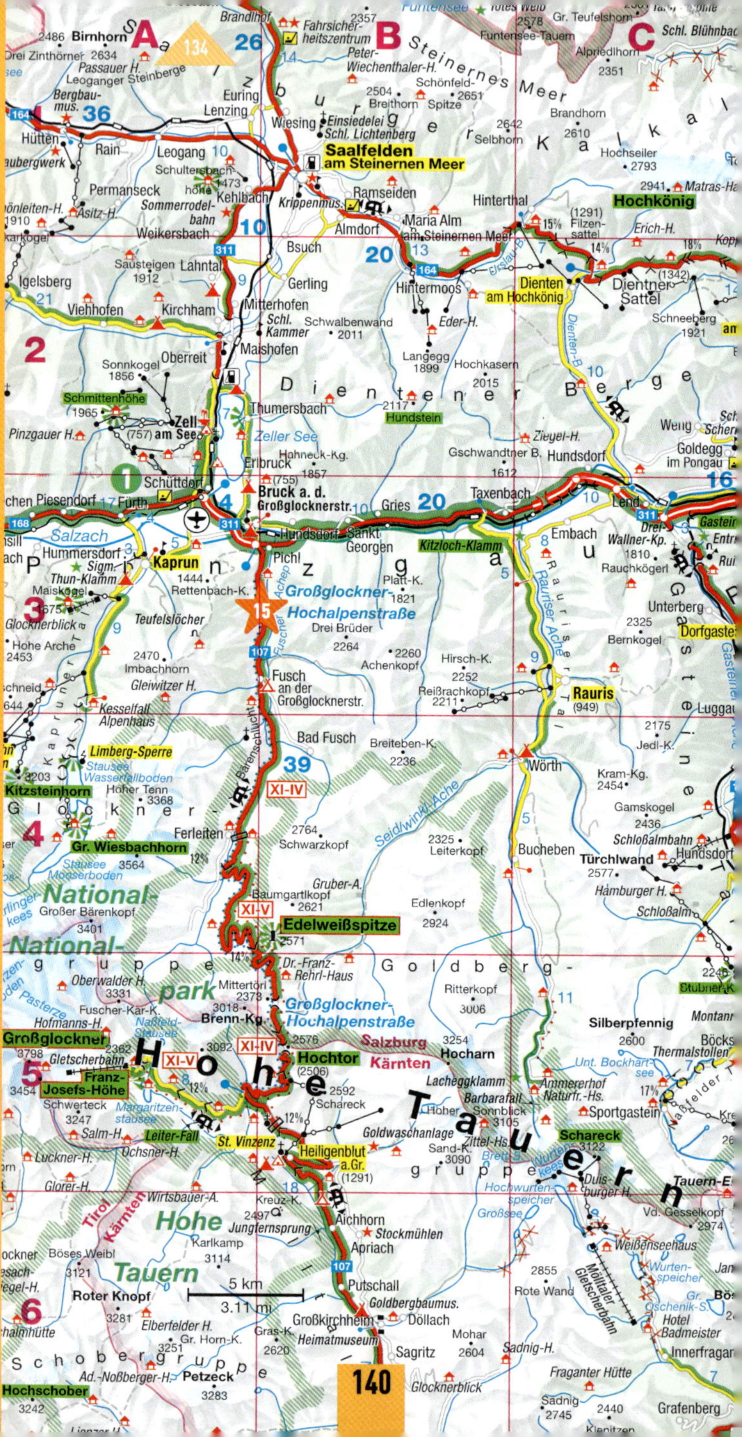

A
B
C
134
26
36
Birnhorn
2634
Passauer H.
Leoganger Steinberge
Brandlhof
Fahrsicherheitszentrum
Peter-Wiechenthaler-H.
Steinernes Meer
Funtensee-Tauern
Gr. Teufelshorn
Schl. Blühnbach
Alpriedlhorn
2351
Schönfeld-Spitze
2651
Breithorn
2504
Euring
Lenzing
Wiesing
Einsiedelei
Schl. Lichtenberg
Saalfelden am Steinernen Meer
Selbhorn
2642
Brandhorn
2610
Hochseiler
2793
Matras-H.
Hochkönig
Hütten
Rain
Leogang
Schultersbach-höhe
1473
Kehlbach
Permanseck
Asitz-H.
Sommerrodelbahn
Krippenmus.
Ramseiden
Maria Alm am Steinernen Meer
Almdorf
Hinterthal
Filzensattel
(1291)
Erich-H.
Weikersbach
Bsuch
Lahntal
Sausteigen
1912
Igelsberg
Gerling
Hintermoos
Dienten am Hochkönig
Dientner Sattel
(1342)
Viehhofen
Kirchham
Mitterhofen
Schl. Kammer
Schwalbenwand
2011
Eder-H.
Schneeberg
1921
Oberreit
Maishofen
Sonnkogel
1856
Langegg
1899
Hochkasern
2015
Dientener Berge
Schmittenhöhe
1965
Zell am See
(757)
Thumersbach
Zeller See
2117
Hundstein
Pinzgauer H.
Ziegel-H.
Weng
Hahneck-Kg.
1857
Gschwandtner B.
Hundsdorf
Goldegg im Pongau
Erlbruck
(755)
1612
Schüttdorf
Piesendorf
Fürth
Bruck a. d. Großglocknerstr.
Gries
Taxenbach
Lend
Salzach
Hundsdorf
Sankt Georgen
Kitzloch-Klamm
Embach
Drei-Wallner-Kp.
1810
Rauchkögerl
Hummersdorf
Sigm.-Thun-Klamm
Kaprun
Pinzgau
Pichl
Maiskogel
1675
1444
Rettenbach-K.
Platt-K.
1821
Großglockner-Hochalpenstraße
15
Unterberg
Glocknerblick
Teufelslöcher
Drei Brüder
2264
Rauriser Ache
2325
Bernkogel
Dorfgastein
Hohe Arche
2453
2470
Imbachhorn
2260
Achenkopf
Hirsch-K.
2252
Fusch an der Großglocknerstr.
Gleiwitzer H.
Reißrachkopf
2211
Rauris
(949)
Rauriser Tal
Kesselfall Alpenhaus
Bad Fusch
Breiteben-K.
2236
2175
Jedl-K.
Luggau
Limberg-Sperre
Stausee Wasserfallboden
39
Wörth
Kitzsteinhorn
3203
Hoher Tenn
3368
XI-IV
Kram-Kg.
2454
Glockner
Ferleiten
2764
Schwarzkopf
2325
Leiterkopf
Seidlwinkl-Ache
Gamskogel
2436
Schloßalmbahn
Gr. Wiesbachhorn
3564
Stausee Mooserboden
12%
Bucheben
Türchlwand
2577
Hundsdorf
National-
Gruber-A.
Baumgartlkopf
2621
Edlenkopf
2924
Hamburger H.
Schloßalm
Großer Bärenkopf
3401
XI-V
Edelweißspitze
2571
National-
14%
Dr.-Franz-Rehrl-Haus
Goldberg-
gruppe
Oberwalder H.
3331
Mittertörl
2378
Ritterkopf
3006
park
Fuscher-Kar-K.
Hofmanns-H.
3018
Brenn-Kg.
Großglockner-Hochalpenstraße
Silberpfennig
2600
Montanm
Böcks Thermalstollen
Großglockner
3798
2362
3092
XI-IV
2576
Salzburg
Kärnten
3254
Hocharn
Unt. Bockhart-see
Gletscherbahn
XI-V
Hochtor
(2506)
Lacheggklamm
Ammererhof Naturfr.-Hs.
Franz-Josefs-Höhe
3454
Hohe Tauern
12%
2592
Schareck
Barbarafall
Sonnblick
3105
17%
Sportgastein
Schwerteck
3247
Margaritzenstausee
Salm-H.
Ochsner-H.
Leiter-Fall
St. Vinzenz
Heiligenblut a.Gr.
(1291)
Goldwaschanlage
Zittel-Hs.
Sand-K.
3090
Schareck
3122
Luckner-H.
Glorer-H.
Wirtsbauer-A.
18
Kreuz-K.
2497
Aichhorn
Hochwurten-speicher
Duisburger H.
Tauern-E.
Vd. Gesselkopf
2974
Tirol
Kärnten
Hohe
Jungfernsprung
Stockmühlen
Apriach
Großsee
Weißenseehaus
Böses Weibl
3121
Karlkamp
3114
Tauern
Wurten-speicher
Putschall
2855
Rote Wand
Mölltaler Gletscherbahn
Roter Knopf
3281
5 km
3.11 mi
Goldbergbaumus.
Großkirchheim
Döllach
Oschenik-S.
Hotel Badmeister
Elberfelder H.
Gr. Horn-K.
3251
Gras-K.
2620
Heimatmuseum
Mohar
2604
Sadnig-H.
Innerfragant
Schobergruppe
Ad.-Noßberger-H.
Petzeck
3283
Sagritz
Fraganter Hütte
Hochschober
3242
Glocknerblick
Sadnig
2745
2440
Grafenberg

E
F
136
1
2
3
4
5
6
Hohenwerfen
Eiskeller
Werfen
Werfener H.
2360
Tauern-Kg.
Lungötz
Mahdalm-H.
Gr. Bischofsmütze
Lienköpfl
1536
Sonneck-H.
Pfarrwerfen
Fromm
Werfenweng
A.-Proksch-H.
1850
Korein
Sankt Martin am Tennengebirge
1729
Gerzkopf
Imlau
Kn. Pongau
E55
1486
Hirsch-Kg.
Pöham
Lammertal
Eben
Reitsteg
Filzmoos
Bischofshofen
(556)
Kreuzberg
Hüttau
Eben im Pongau
Roßbrand
1770
XI-V
Buchberg
Arthurhaus
Höllberg
1584
Radstadt
Fels
Blümeck
1695
Ennstal
1827
Hochgründeck
Altenmarkt Pongau
Einöden
Urreiting
Aschegg
1628
Reitdorf
Rettenstein-schlössl
Schwaighof
Flachau
Flachau
St. Johann im Pongau
1407
Obristkopf
Wagrain
Wagrainer Höhe
Munzen-H.
Höchau
Vordere Labeneck
1832
Reinbach
Veit im Pongau
Wagrainer B.
Sommerrodelbahn
Gießenkar-H.
2051
Lackenkogel
Tauern-B.
1971
Ht.-Fager
Schwarzach im Pongau
Plankenau
Höllenstein
1991
Grießenkareck
Strims-Kg.
2139
Liechtenstein-klamm
1708
Flachau-winkl-Süd
Zauchensee
Untertauern
Wildpark u. Kinderland
Gern
1787
Grafenberg
Walchau
1916
Wildbühel
Zauchensee
Höllwand
2275
Kitzstein
2037
Großarl-B.
Egg
Breitenebenen-A.
Kleinarl
Enns
Seekar-Sp.
Schuhflicker
2215
Schied
Kleinarler-H.
E55
Steinfeld-Spitze
2344
Hintergnadenalm
Gnadenfall
Obertauern
Radstädter Tauern
Kleinarlbach
2436
Tauernalm
Kraxenkogel
Johannesfall
Südwiener-H.
Zehnerkar
2381
Unterberg
Grundegg
2168
2033
Fulseck
2027
Kreuz-Kg.
Achter
Großarl
(924)
Jäger-S.
Enns-Ursprung
2316
Hochbirg
Unt. Pleißling-A.
2501
Gr. Pleißlingkeil
Eben
Nebeleck
2159
Mosermandl
2680
Tauerntunnel 6401 m
Wurmfeld
2080
Draugstein
Spiel-Kg.
2201
2356
Tappenkarsee
2380
Wildkar-K.
Franz-Fischer H.
Wald
58
Hochfeind
2687
2413
Laderdinger Gamskar-Sp.
Hofgastein
Gamskar-Kg.
Tappenkarsee-H.
Schwarzeck
2635
Hüttschlag
Wolfau
Karteis
Glettentörl
2205
2711
Weißeck
Bruckdorf
Zederhaus
Zederhaus
2467
Kreuz-Kg.
2324
Glingspitze
2433
Stickler-H.
See
Pleißnitz-Kg.
2536
Platten-Kg.
2270
Mauritzen-A.
Lungau
Badbruck
Bad Gastein
(1002)
Frauennock
2678
Rotgülden
Hintermuhr
Großeck
2427
Jedl
Muhr
Unt. Schwarz-S.
Rotgüldensee-H.
Unt. Rotgülden-S.
2492
Grau-Kg.
2773
Zwölfer-Sp.
Kölnbrein-Sp.
2934
Silbereck
2804
Oblitzen
2657
Nationalpark
Kölnbreinspeicher
Lausnock
2443
3076
Ankogel-
Schwarzhorn
2933
Sporthotel Maltatal
Gr. Hafner
Storz-Sp.
2469
Salzburg
Kärnten
Anlauf-B.
Almrausch
Kattowitzer H.
Ankogel
3252
Osnabrücker H.
Gr. Sonnblick
3030
2747
Eisigspitze
Hannover-Hs.
Hohe
gruppe
Vd. Findelkar-K.
2418
Malta
Gamskarl-Sp.
2832
Ankogelseilbahn
Klammfall
13%
Gmünder H.
Tunnel Schleuse 8552 m
Schwußner-H.
Großelendkees
Hochalmkees
Malta-Hochalm-Str.
2790
Reitereck
Stern-Sp.
Alpenrose
2915
Tauern
Hochalm-Sp.
3360
Hochalmsee
Villacher H.
X-V
Maresen-Sp.
3085
Höhennock
2124
Kerschhakl-H.
Stubeck
2370
Mallnitz
(1190)
Bios Nationalpark-zentrum
Säuleck
Gießener H.
Pflüglhof
Konrad-H.
Kohlmayralm-H.
Gößfälle
Koschach
Oswald-H.
2731
Zagutnig-Sp.
Tristen-Sp.
2929
XI-V
Wildpark Diana
Maltaberg
Malta
Nationalpark
Hilpersdorf
Tandlspitze
2633
Groppenstein-fall
Burg
Kaponingtunnel 5100 m
Gamolnigspitze
2788
Reißeck
2965
Schl. Dornbach
Dornbach
Obervellach
Schl. Trabuschgen
2413
Bartelmann
Höhenbahn

A
B
C
22
136
Sankt Martin am Tennengebirge
Gerzkopf 1729
Lienköpfl 1536
Hoher Dachstein
2454
2995
Dachstein-Warte-H.
Sky Walk
2865
Gr. Koppenkars
Rötelstein
Dachstein
A.-Proksch-H.
Werfenweng
Lammertal
Hüttau
Eben
Eben im Pongau
Reitsteg
Filzmoos
Roßbrand
1770
XI-V
Mandling
Ramsau am Dachstein
Mandlingpass
Pichl-
Gleiming
(815)
Radstadt
Höllberg 1584
Ennstal
Blümeck 1695
1827
Hochgründeck
Aschegg 1628
Schwaighof
Reitdorf
Flachau
Altenmarkt i. Pongau
Fels
Forstau
Preunegg
Reiteralmhütte
Enns
XI-IV
XI-V
Hochwurzen
1852
Wagrain
Obristkopf 1407
Wagrainer Höhe
Munzen-H.
Hochau
Sommerrodelbahn
Grießenkar-H.
Vordere Labeneck 1832
Taurach-B.
Forstau-B.
Steiermark
Salzburg
Höllenstein
1708
Grafenberg
1991
Grießenkareck
2051 Lackenkogel
Flachau-winkl-Süd
Zauchensee
Strims-Kg. 2139
1971 Ht.-Fager
Untertauern
X-VI
Schiedeck 2339
Walchau
1916 Wildbühel
Kitzstein 2037
Breiteneben-A.
Kleinarl
Kleinarler-H.
Kleinarlbach
Zauchensee
39
Wildpark u. Kinderland
Seekar-Spitze 2350
Steirische 2459
Kalk-Spitze
Ignaz-Mattis-H.
Unt. Giglach
E55
Steinfeld-Spitze 2344
Hintergnadenalm
Gnadenfall
Obertauern
Gamskarl-Sp. 2411
Grundegg 2168
Achter
2436
Tauernalm
Kraxenkogel
Johannesfall
Südwiener-H.
Zehnerkar 2381
2357
Gamsleiten-Sp.
Radstädter Tauernpass (1739)
Jäger-S.
Enns-Ursprung
2316
Unt.Pleißling-A.
Radstädter Tauern
Nebeleck 2159
Draugstein
Hochbirg
2501
Gr. Pleißlingkeil
Twenger Talpass (1381)
2526
Gurpitscheck
Mosermandl 2680
Tauerntunnel 6401 m
Wurmfeld 2080
Wald
2356
2201
Tappenkarsee
Franz-Fischer H.
2380
Wildkar-K.
Tappenkarsee-H.
Hochfeind 2687
Schwarzeck 2635
Weißeneck 2563
Tweng
Biosph
2115
Fanninghö
58
Glettentörl 2205
Karteis
Glingspitze 2433
See
2711
Weißeck
Stickler-H.
Zederhaus
Bruckdorf
Zederhaus
Schareck 2466
2154 Lahneck
Mauterndorf
Pleißnitz-Kg. 2536
Mauritzen-A.
Frauennock 2678
Lungau
Großeck 2427
2411
Speiereck
Rotgülden
Hintermuhr
Jedl
Oberweißburg
Sankt Michael i. Lungau
Schwarz-S.
Nationalpark
Rotgüldensee-H.
Unt. Rotgülden-S.
Muhr
Unterweißburg
St. Michael
2773
Zwölfer-Sp.
Kölnbrein-Sp. 2934
Silbereck
2804 Oblitzen
2657
Storz-Sp.
2469
Kölnbrein-speicher
Lausnock 2443
3076
Sporthotel Maltatal
Schwarzhorn 2933
Gr. Hafner
Kattowitzer H.
Almrausch
Osnabrücker H.
Gr. Sonnblick 3030
2747 Eisigspitze
Karekhaus
Salzburg
Kärnten
2481
Kareck
Katschberg-tunnel 5439m
(1641)
Aineck 2210
Katschberghöhe
Vd. Findelkar-K. 2418
Klammfall
Hohe
Gmünder H.
Malta-Hochalm-Str.
Großelend-kees
Hochalm-kees
Tauern
3360
Hochalmsee
Villacher H.
X-V
2790
Reitereck
Arsenik-Schauhütte
Sankt Peter
Sankt Georgen
Rennweg
Stern-Sp.
2497
Rennweg am Katschberg 2217
Hochalm-Sp.
Kerschhakl-H.
Höhennock 2124
Stubeck 2370
Hirneck
3085
Säuleck
Gießener H.
Pflüglhof
Koschach
Oberburgstallberg
2087
Kohlmayralm-H.
Gößfälle
Wildpark Diana
Malta
St. Nikolai
Kremsbrücke
Tristen-Sp. 2929
XI-V
Maltaberg
5 km
3.11 mi
Reißeck
Tandlspitze 2633
Malta
Nationalparkmus.
Hilpersdorf
Krems in Kärnten
2788
Gamolnigspitze
2965
Schl. Dornbach
Dornbach
Leoben
Pressingberg
Kampleck
Höhenbahn
St. Leonhard
Eisentratten
2822
2522
Rubenthaler-A.

Kammspitze 2139
Tipschern
Ober-Lengdorf
Strimitzen
Unter-Schloss Glatt
Gritschenberg
Stein
Raumberg
Irdning-Pendleseck-kogel 1483
137
Mitterberg-St. Martin
Matzling
Sonnberg
Öblarn
Weyern
Gersdorf
Stoderzinken 2048
Friedens-kirche
E651
Bach
Gröbming
Ratting
Stein a.d.Enns
Gatschberg
Sonnberg
Assach
Pruggern
Tunzendorf
Weißenbach
Aich
Mooshm.
Michaeler-berg-Reith
Pruggern
Birnberg
Ruperting
Schaumühle Nöttl
Großsölk
Oberhaus
Haus
Gössenberg
Petersberg
Vorderwald
Gumpeneck 2226
Hirscheck 1853
2051
Dornkar-Sp.
Vord. Mörsbach-Alm
Schladming
Kleinsölk
Hauser Kaibling 2015
Planai
1906
Hinter-wald
Sölk
Gr. Bärneck
Erzherzog-Johann-Straße
2071
Sölkbach
Mößna
Spateck 2256
Karl-Sp. 2212
Ahornkogel 2000
Weiße Wand
Hochwildstelle 2747
Schaufel-Sp. 2374
Naturpark
St. Nikolai im Sölktal
2599
Großer Knallstein
Riesachfälle
Gamsspitze 2444
Placken 2434
Unholding-Sp. 2293
Schladminger Tauern
2702 Waldhorn
Mittereck 2464
Deneck 2430
Kaltenbach-see
12%
Hochstubo
Tristhof Golling-H. 2517
XI-V
Sölkpass
(1788)
2385
Deichsel-Sp. 2684
Predigtstuhl 2545
Süßleiteck 2509
Grafenalm
2868
Hochgolling
Gamskar-Sp. 2439
Landschitz-seen
Rupprechtseck 2588
Eisenhut 2455
Hocheck 2638
Kasereck 2740
NSG
Brennfeldeck 2507
Babaraspitze 2726
Etrach-see
Lassachbach
Steiermark
Salzburg
Gensgitsch 2279
Gumma-B. 2315
Winkel-kapelle
Sölktäler
Dorf-Berg
Krakauhinter-mühlen
Ullrichskirche
14%
Krakau-schatten
Lessach
Lercheck 1699
Ober-
Krakaudorf
Hintergöriach
Göriach
Wenger-K. 1797
-Etrach
Unter-
Ocherling
Rotten-mann
32
Ratschfeld
Mariapfarr
St. Andrä im Lungau
Haiden
Seetal
R. Klauseck
Seebach
Ranten
Wölting
Leißnitzbach
Gstoder 2140
96
Sauerfeld
Atzmannsdorf
19
Mörtelsdorf
Tamsweg
Judendorf
Moos
Grenzwiesen
Unternberg
St. Leonhard
St. Ruprecht-ob Murau
Bodendorf
St. Georgen ob Murau
Lasaberg 1935
-Falkendorf
Lutzmannsdorf
Mur
95
Schloss Goppelspach
97
Reichenau
St. Lorenzen ob Murau
Pichlern
Mitterbergwiesen
Einach
Stadl a.d.Mur
Steindorf
Pichl
Thomatal
Madling
Muhr
Stein
14
Paal
Kreischberg 1981
Ramingstein
Schloss Findterstein
Kendlbruck
Predlitz-
Karlsbergereck 1838
Bundschuh
Winkl
Kirbisch 2140
Lungau
Gstoßhöhe 1890
Hochofenmus.
Mühlbach
Paalbach
Mühlhauser Höhe
Strannerhöhe
Pranker Höhe 2166
1988
2214
Vordereck 2129
Kaltwasser
2116
Röttin
Hirschstein 2047
Fleischb.
1814
Zechnerhöhe 2188
Hannebauer
Salzburg
Steiermark
25
20
Innerkrems
NSG
Allachhütte
Aicherhütte
Lichtberg 1930
Oberh. Sonnsei
Grünleitennock 2160
Turrach
Eisenhut 2441
Steiermark
Kärnten
Blockbühel 1679
1822
Unterwändnerhütte
Werchzirbenalm
Wildbachhütte
18%
Rapitzbach
Flattnitz (1400)
XI-V
Marktlköpfe 1845
Badwirt
Jäger-wirt
Sommer-rodelbahn
10%

KARTENLEGENDE

Autobahn mit Anschlussstelle und Anschlussnummern	Viernheim 45 45 36 24 12	Motorway with junction and junction number
Autobahn in Bau mit voraussichtlichem Fertigstellungsdatum	Datum Date	Motorway under construction with expected date of opening
Rasthaus mit Übernachtung · Raststätte	Kassel	Hotel, motel · Restaurant
Kiosk · Tankstelle		Snackbar · Filling-station
Autohof · Parkplatz mit WC	P	Truckstop · Parking place with WC
Autobahn-Gebührenstelle		Toll station
Autobahnähnliche Schnellstraße		Dual carriageway with motorway characteristics
Fernverkehrsstraße		Trunk road
Verbindungsstraße		Main road
Nebenstraßen		Secondary roads
Fahrweg · Fußweg		Carriageway · Footpath
Gebührenpflichtige Straße		Toll road
Straße für Kraftfahrzeuge gesperrt		Road closed for motor vehicles
Straße für Wohnanhänger gesperrt		Road closed for caravans
Straße für Wohnanhänger nicht empfehlenswert		Road not recommended for caravans
Autofähre · Autozug-Terminal		Car ferry · Autorail station
Hauptbahn · Bahnhof · Tunnel		Main line railway · Station · Tunnel
Besonders sehenswertes kulturelles Objekt	Neuschwanstein	Cultural site of particular interest
Besonders sehenswertes landschaftliches Objekt	Breitachklamm	Landscape of particular interest
MARCO POLO Erlebnistour 1		MARCO POLO Discovery Tour 1
MARCO POLO Erlebnistouren		MARCO POLO Discovery Tours
MARCO POLO Highlight	1	MARCO POLO Highlight
Landschaftlich schöne Strecke		Route with beautiful scenery
Touristenstraße	Hanse-Route	Tourist route
Museumseisenbahn		Tourist train
Kirche, Kapelle · Kirchenruine Kloster · Klosterruine		Church, chapel · Church ruin Monastery · Monastery ruin
Schloss, Burg · Burgruine Turm · Funk-, Fernsehturm		Palace, castle · Castle ruin Tower · Radio or TV tower
Leuchtturm · Windmühle Denkmal · Soldatenfriedhof		Lighthouse · Windmill Monument · Military cemetery
Ruine, frühgeschichtliche Stätte · Höhle Hotel, Gasthaus, Berghütte · Heilbad		Archaeological excavation, ruins · Cave Hotel, inn, refuge · Spa
Campingplatz · Jugendherberge Schwimmbad, Erlebnisbad, Strandbad · Golfplatz		Camping site · Youth hostel Swimming pool, leisure pool, beach · Golf-course
Botanischer Garten, sehenswerter Park · Zoologischer Garten		Botanical gardens, interesting park · Zoological garden
Bedeutendes Bauwerk · Bedeutendes Areal		Important building · Important area
Verkehrsflughafen · Regionalflughafen		Airport · Regional airport
Flugplatz · Segelflugplatz		Airfield · Gliding site
Boots- und Jachthafen		Marina

REGISTER

Das Register enthält alle im Reiseführer erwähnten Orte und Ausflugsziele. Gefettete Seitenzahlen verweisen auf den Haupteintrag.

SCHREIBEN SIE UNS!

Egal, was Ihnen Tolles im Urlaub begegnet oder Ihnen auf der Seele brennt, lassen Sie es uns wissen! Ob Lob, Kritik oder Ihr ganz persönlicher Tipp – die MARCO POLO Redaktion freut sich auf Ihre Infos.
Wir setzen alles dran, Ihnen möglichst aktuelle Informationen mit auf die Reise zu geben. Dennoch schleichen sich manchmal Fehler ein – trotz gründlicher Recherche unserer Autoren/innen. Sie haben sicherlich Verständnis, dass der Verlag dafür keine Haftung übernehmen kann.

MARCO POLO Redaktion
MAIRDUMONT
Postfach 31 51
73751 Ostfildern
info@marcopolo.de

IMPRESSUM
Titelbild: Filzmoos, Sulzenalm mit Bischofsmütze (Schapowalow: H.-P. Huber)
Fotos: Corbis/Westend61: M. Moxter (43); DuMont Bildarchiv: (79, 119), Anzenberger-Fink (54/55, 90, 92), Trummer (10); f1online (Klappe r., 32/33); Getty Images: 4FR (11), M. Harrington (3), T. Krüger (39), R. Weschke (57); M. Gruber (1 u.); huber-images: Bäck (Klappe l.), M. Breitung (100/101), F. Cogoli (29), C. Dörr (5, 88/89), Gräfenhain (67); Laif: C. O. Bruch (12/13, 132/133), M. Dreysse (19 o., 31), C. Kerber (30/31), D. Schwelle (17, 127), G. Standl (19 u., 122/123, 124/125), C. Stukhard (4 o., 76, 113); Look: H. Dressler (120/121), H. Erber (18 M.), R. Mirau (96), T. Stankiewicz (114), K. Wothe (61); mauritius images: Clasen (28 l.), D. Meyrl (4 u., 68/69), Novarc (22), U. Siebig (48); mauritius images/age (82); mauritius images/Alamy: volkerpreusser (53); mauritius images/imagebroker: N. Eisele-Hein (51, 106), M. Moxter (34), P. Pavot (6), M. Schmidt (73), K. F. Schöfmann (74), M. Siepmann (58, 85); mauritius images/Mito Images: R. Niedring (18 u.); mauritius images/Westend61: L. & W. Bahnmüller (64), M. Moxter (8, 36, 126 o.), W. Weinhäupl (9); picture-alliance: F. Pritz (14, 86/87, 110, 126 u.); picture-alliance/APA/picturedesk.com: B. Gindl (20/21, 125), JFK (124), H. Lehmann (40), S. Oberhauser (25); picture-alliance/dpa (18 o.); Schapowalow: H.-P. Huber (1 o.); T. Stankiewicz (28 r., 30, 44/45, 95); vario images: J. Winter (99); vario images/Bildagentur Waldhäusl (62); vario images/imagebroker (2); vario images/Westend61 (7, 26/27, 46, 70, 80/81, 116/117)

15., aktualisierte Auflage 2018

Chefredaktion: Marion Zorn
Autor: Siegfried Hetz, Bearbeiter: Gabriela Paumgartner-Eccli, Monika Rattey, Matthias Gruber; Redaktion: Petra Klose
Verlagsredaktion: Lucas Forst-Gill, Susanne Heimburger, Johanna Jiranek, Tamara Hub, Nikolai Michaelis, Kristin Wittemann, Tim Wohlbold
Bildredaktion: Gabriele Forst, Anja Schlatterer
Kartografie Reiseatlas: © MAIRDUMONT, Ostfildern; Kartografie Faltkarte: © MAIRDUMONT, Ostfildern
Gestaltung Cover, S. 1, Faltkartencover: Karl Anders – Studio für Brand Profiling; Gestaltung innen: milchhof:atelier, Berlin; Gestaltung S. 2/3, Erlebnistouren: Susan Chaaban Dipl.-Des. (FH)

Printed in China

BLOSS NICHT

Was Sie im Salzburger Land besser nicht tun sollten

UNFREUNDLICH SEIN

In anderen Teilen der Welt sind Wirte, Verkäufer und Co. harsche Sprache vielleicht gewohnt, im Salzburger Land sieht man Unfreundlichkeit allerdings sehr ungern und vergisst sie auch nicht so schnell.

MIT DEM AUTO ZU STOSSZEITEN IN DIE STADT

Im Auto kommen Sie in der Stadt Salzburg zu Stoßzeiten (8 und 16 Uhr) nur im Schritttempo voran. Verzichten Sie also darauf, gehen Sie zu Fuß oder nutzen Sie öffentliche Verkehrsmittel. Mit der Salzburg Card *(www.salzburg.info)* fahren Sie damit übrigens gratis.

STURMWARNUNGEN IGNORIEREN

Wetterumschwünge finden oft binnen weniger Minuten statt, und Gewittern können heftige Stürme vorausgehen. Vor allem an Seen in den Bergen führen Fallwinde zu unerwarteten thermischen Veränderungen. Informieren Sie sich über die Verhältnisse vor Ort, und befolgen Sie unverzüglich aktuelle Warnungen.

NATURSCHUTZ MISSACHTEN

Weite Teile Österreichs stehen unter Landschafts- bzw. Naturschutz. Vor allem in den Nationalparks wird die Einhaltung der jeweiligen Bestimmungen genau überprüft. Erkundigen Sie sich, welche Pflanzen gepflückt und wie viele Pilze gesammelt werden dürfen.

UNVORBEREITET INS HOCHGEBIRGE

Mangelhafte Ausrüstung – insbesondere ungeeignetes Schuhwerk –, die Überschätzung der eigenen Kräfte und des Wissens um mögliche Gefahren sowie die Geringschätzung von Hinweisen und Warnungen erfahrener Einheimischer sind hauptsächlich die Gründe für Unfälle und aufwendige Bergungsaktionen.

WEIDETIERE FÜR ZUTRAULICH HALTEN

Wenn Sie auf Ihren Wanderungen an Almweiden vorbeikommen, halten Sie Distanz zu den Tieren, insbesondere zu Stieren und Widdern, aber auch zu Kühen, Schafen und Ziegen. Dasselbe gilt übrigens auch für einen Urlaub auf dem Bauernhof: Der vertrauliche Umgang empfiehlt sich nur im Beisein eines Menschen, den die Tiere kennen. Infos zum richtigen Verhalten auf Weiden unter *www.respektieredeinegrenzen.at*.

ARGLOS IN DEN SCHNEE

Beachten Sie beim Skilaufen und Tourengehen, Freeriden oder Schneeschuhwandern unbedingt die Lawinenwarnungen. Um eine Lawine auszulösen genügt oft schon ein einziger falscher Tritt. Der Rückgang der Gletscher führt zu vermehrten und verbreiterten Gletscherspalten. Weichen Sie nicht von ausgeschilderten Routen ab, und befolgen Sie in jedem Fall die Ratschläge erfahrener Bergführer und Hüttenwirte.